JN410811

愛say

愛say

초판 1쇄 인쇄 2013년 5월 1일
초판 1쇄 발행 2013년 5월 5일

지은이 윤만근
펴낸이 金泰奉
펴낸곳 한솜미디어
등록 제5-213호

편집 박창서 김주영 김수정
마케팅 김명준
홍보 김태일

주소 143-200 서울시 광진구 구의동 243-22
전화 (02)454-0492(代)
팩스 (02)454-0493
이메일 hansom@hansom.co.kr
홈페이지 www.hansom.co.kr

값 12,000원
ISBN 978-89-5959-355-2 (03810)

글 윤만근 | 그림 윤애근

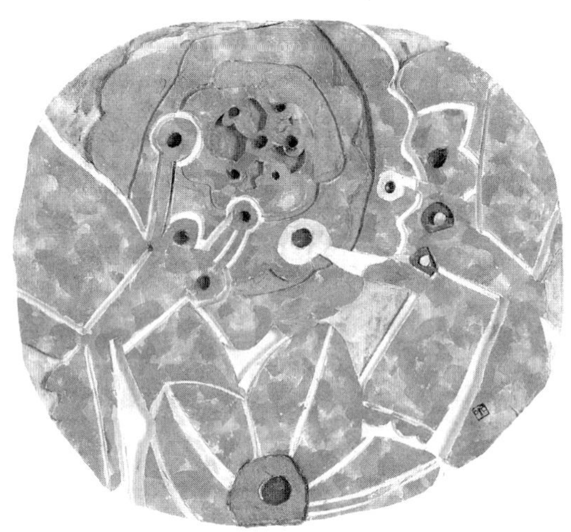

마음을 열며…

어느 날 쌍둥이 아들로부터 편지와 노트 한 권을 받았다. 아들은 "아버지의 세상을 보는 눈을 다른 사람들에게도 나누어줄 수 있다면 세상 사람들을 위하여 가치 있고 또 의미 있는 일이라 생각합니다. 아버지가 살아오신 한국 현대(1945년부터)의 정치적 격변기를 아버지의 세상을 보는 눈으로 기술하신다면 참으로 의미 있는 일이 될 것입니다"라고 말하고 있었다.

그래서 그동안 용산고등학교 13회 동문 카페에 신변잡화를 소재로 친구들과 소통하는 의미에서 올린 어쭙잖은 글들을 아들의 권유에 답하는 뜻에서 묶기로 하였다.

'참으로 의미 있는 글'은 못 되지만 아들을 사랑하고 또한 아들과의 소통과 이해를 위하여 모은 이 글들은 사랑하는 아들을 향한 내 마음을 여는 창이 될 것이다.

그리고 내 부족한 글을 직접 다듬어주고 자신의 작품을 책에 실을 수 있도록 특별히 양해해 주고 골라주었던 누님인 故 윤애근 교수가 새삼 그립고 보고 싶다. 윤 교수의 그림으로 인하여 나에게도 '참으로 의미 있는 그림과 글'이 되었다.

牛亭 윤만근

愛say

머릿말/마음을 열며… _ 04

〈1부 / 愛say〉

1장 : 사랑

별이 빛나는 밤에 _ 012
트로이메라이(꿈) 그리고 희망 _ 016
그립다 말할까 _019
나는 행복합니다. 당신도 행복하십시오 _ 022
엄마, 사랑해요 _ 025
HOPE _ 029
네 엄마를 부탁해 _ 032
효도십일조 _ 038
나무가 아프겠다. 나무를 살려야겠다 _ 042
세상에서 아름다운 말 _ 045

2장 : 삶

삶의 무게 _ 047
우정(牛亭) _ 049
심우행우(心牛行牛) _ 052
역지사지 _ 055
내 삶의 여백에 대하여 _ 057
진에(瞋恚) _ 060
깨달음[覺] _ 063

마라톤 그리고 인생 _ 065
주례사 I _ 068
주례사 II _ 071

3장 : 미(美)

반 고흐(Van Gogh)의 월계관 _ 074
봉래의(鳳來儀) _ 079
칸딘스키(Kandinsky)의 블루 크레스트 _ 081

4장 : 팡세

마에스트로 박태준 _ 084
Freedom is not Free _ 089
하느님, Thank you so much _ 092
금연 _ 096
3Girls 시대 _ 099
송파 브라더스 _ 102
새해 인사 _ 105
명품 포도주(50주년 기념문집) _ 108

5장 : 자연

설악산(그 부르는 소리, 정겨운 소리…) _ 111
히말라야 I (예쁜 아기 곰을 찾으러) _ 115
히말라야 II (열성과 암세 노진) _ 118
히말라야 III(인내는 쓰고 그 열매는?) _ 120
히말라야 IV(신성한 山 마차푸차레 찬가) _ 124
히말라야 V(미운 새끼 곰 한마리) _ 129
킬리만자로의 표범 I (누가예 누가이)_ 133
킬리만자로의 표범 II (뽈레 뽈레)_ 135

킬리만자로의 표범Ⅲ(아! 고지가 바로 저긴데) _ 138
킬리만자로의 표범Ⅳ(우후루 피크의 일출) _ 142
킬리만자로의 표범Ⅴ(메아리가 된 나) _ 146
이구아수 폭포 _ 148
에게 해의 일출 _ 153
지중해의 석양 _ 156

6장 : 트위터(Twitter)
마음 외(外) _ 159
윤만근 동문편/이진영 _ 162
촉촉한 삶/청양 이용식 _ 169

〈2부 / 아버지의 축구공〉

아버지의 축구공 _ 172
아버지의 눈물과 술, 그리고 담배 _ 176
아버지와의 산행을 통해 배운 삶의 지혜 _ 181
아버지께 감사드리는 것들과 아버지께 배운 인생의 교훈 _ 184
어머니가 아버지께 보내는 편지글 모음 _ 192

〈3부 / 윤애근 교수의 글과 그림〉

인도미술기행(Sketch travel to India) _ 218
가름하는 글 _ 225
留樂室 _ 227
白話 _ 228

愚問乾笑答 _ 229
時間之流 _ 230

＊＊＊

생의 열락 : 윤애근의 작품세계/오광수(미술 평론가) _ 231
故 윤애근 교수님 추모 1주기를 맞이하면서/허진(교수) _ 235
정산 윤애근 교수를 추모하며/윤만근 _ 237

작은 화랑 : 초월적 공간과 자연 이미지

공(空) – 화합(和合) Ⅲ _ 241
공(空) – 군무(群舞) Ⅱ _ 242
공(空) – 향(香) _ 243
공(空) – 안락(安樂) _ 244
공(空) – 만개(滿開) _ 245
공(空) – 만남 _ 246
공(空) – 출발(出發) _ 247
공(空) – 청(靑) _ 248
공(空) – 윤회(輪回) _ 249
공(空) – 기원(祈願) Ⅱ _ 250
공(空) – 확산(擴散) _ 251
공(空) – 화심(花心) _ 252
공(空) – 휴식(休息) Ⅱ _ 253
공(空) – 휴식(休息) Ⅲ _ 254
공(空) – 희망(希望) _ 255
공(空) – 휴(休) _ 256

1부 / 愛say

톨스토이는 인생에서 가장 중요한
세 가지 질문을 했다.

가장 중요한 때는?
가장 중요한 사람은?
가장 중요한 일은 무엇인가?에 대한
답을 이렇게 들려준다.

인생에서 가장 중요한 때는
바로 지금 이 순간이고,
가장 중요한 사람은
지금 나와 함께 있는 사람이며,
가장 중요한 일은
지금 내 곁에 있는 사람을 위해
좋은 일을 하는 것이다.

별이 빛나는 밤에

워싱턴에 살고 있는 큰아들 내외가 손주들도 보시고 같이 지내자고 꼭 오라고 해서 10일간의 일정으로 집사람과 함께 미국으로 갔다.

큰아들이 버지니아 주 국립공원에 있는 Shenandoah Valley koa 캠핑장으로 3박 4일 여행을 가자고 한다.

예전에 큰아들에게 캠핑카를 타고 식구들과 같이 여행했으면 좋겠다고 한 말을 기억해서 직장인 미 국립보건연구소(NIH)에 휴가를 내고 캠핑카를 렌트해 놓았다고 한다. 그것도 좋은 듯해서 그럼 그렇게 하자고 해서 때늦은 캠핑을 하게 되었다.

11월 7일이라 이곳도 단풍은 지나갔지만 그래도 조금은 가을 풍경을 보여주고 있다. 캠핑카는 버스만 해서 안에 침대, 식당, 화장실 등이 다 구비되어 있었다.

캠핑장에 도착하여 캠핑카 옆에 모닥불을 피워놓고 집사람, 아들 내외와 손자 둘이랑 모닥불에 마시멜로를 구워먹는데 집사람은 손자들에게 '반짝반짝 작은 별, 아름답게 비추네' 동요를 열심히 가르쳐주고 있었다. 참으로 평화로운 분위기였다.

문득 생각이 나서 밤하늘을 보니 보석보다 더 빛나는 별들이 영롱히 빛나고 있지 않은가. 다이아몬드나 다른 보석들이 아름답다고 하지만 이 빛나는 별들을 보니 '그동안 진정한 아름다움을 잊고 지냈구나' 하는 생각이 물밀 듯 내 마음을 적셔오고 있었다.

옛날, 대학입시를 준비하면서 라디오 프로그램 '별이 빛나는 밤에'를 청취하며 공부하던 때가 생각났다. 그때는 공부하느라 밤하늘의 별을 세내로 보지도 못하고, 하긴 서울 밤하늘의 별을 본다고 해도 제대로 보이지도 않았지만 그저 잠시 쉼의 시간이었다.

오늘은 가로등도 없는 캠핑장에서 직접 밤하늘의 별을 보며 참으로 아름답다는 것을 느꼈다. 서울에서의 그 바쁜 삶의 일상 속에서 잃어버렸던 진정한 아름다움을 다시 찾고 행복하다는 느낌이 온몸에 짜릿하게 퍼져 나갔다.

칠흑 같은 밤하늘에서 빛나는 은하수를 보며 생텍쥐페리가『인간의 대지』에서 한 말이 생각났다.

'여행을 하다 밤이 너무 아름다울 적에는 조정 간에서 손을 떼고 비행기가 가는 대로 내버려둔다. 그러면 비행기는 왼편으로 기울어진다. 수평을 유지하고 있다고 생각했는데 오른쪽 날개 밑에 동네가 하나 나타난다. 사막에 동네가 있을 리 없다. 동네? 그렇다. 별들의 동네다.'

그래, 은하수보다는 생텍쥐페리의 '별들의 동네'가 더 다정하게 들리는 밤이다. 잃어버렸던 고향 동네가 생각나는 밤이다. 저 별들의 동네에서 돌아가신 어머님은 이웃 별에 마실 가셨을 거야.

고향 동네를…. 별들의 동네를 잊고 사는 것은 꿈을 잃고 사는 것이야.

빈센트 반 고흐는 말했지.

'별이 반짝이는 밤하늘은 늘 나를 꿈꾸게 한다'고….

난 밤하늘을 잊은 게 아니라 잃어버리고 살고 있기 때문이지.

고흐가 나를 알고 있었다면 나에게 이렇게 편지를 보냈겠지.

"지도에서 도시나 마을을 가리키는 검은 점을 보면 꿈을 꾸게 되는 것처럼 별이 반짝이는 밤하늘은 늘 나를 꿈꾸게 한다. 그럴 때 묻곤 하지.

'왜 프랑스 지도 위에 표시된 검은 점에게 가듯 창공에서 반짝이는 저 별에게 갈 수 없는 것일까?'

타라스콘이나 루앙에 가려면 기차를 타야 하는 것처럼 별까지 가기 위해서는 죽음을 맞이해야 한다. 죽으면 기차를 탈 수 없듯 살아 있는 동안에는 별에 갈 수 없다. 증기선, 합승마차, 철도 등이 지상의 운송 수단이라면 콜레라, 결석, 결핵, 암 등은 천상의 운송 수단인지 모른다. 늙어서 평화롭게 죽는다는 것은 별까지 걸어간다는 것이지."

이제 내 삶은 조금 더 별들의 동네로 가까이 가는 것이야. 이 지구별에서 하늘의 아름다움과 신비를 깊이 묵상하며 내가 이 푸르고 아름다운 지구별에서의 긴 걸음을 멈추는 날, 내가 찾아가야 할 별들의 동네를 이젠 꿈꿀 거야.

꿈속에서 나는 이 푸른 별에서 온 어린 왕자가 되어 별들의 동네에서 엄마 손잡고 빨강별, 노랑별, 초록별 등 수많은 별로 마실을 다닐 거야.

오늘 밤도 난 별들의 동네를 잊지 않고 밤하늘을 보면서 내 머리 위에 별을 이고 별들의 동네까지 천천히 걸어가고 있는 꿈을 꾼다.

트로이메라이(꿈) 그리고 희망

라흐마니노프의 피아노 협주곡 제3번 마지막 악장의 그 어렵기로 유명한 화음을 쏟아내며 피아니스트는 혼신의 힘을 다해 건반을 두드리고 있었다.

피아니스트의 크리스털 귀고리 한 쌍이 무대 바닥으로 떨어져 굴렀지만, 피아니스트는 아는지 모르는지 클라이맥스를 향해 폭풍이 몰아치는 듯 그의 손은 건반 위를 뛰어다니고 있었다.

피아니스트 서혜경 씨를 만난 것은 무자년(2008) 1월 22일 예술의 전당 콘서트홀에서 '피아니스트 서혜경과 KBS 교향악단의 2008 신년음악회'에서였다.

라흐마니노프의 전 작품 중에서도 최고의 명곡으로 꼽히는 피아노 협주곡 제2번에 이어 제3번을 피아니스트 서혜경은 부드러우면서도 때로는 화산이 폭발하는 듯한 호쾌한 타건과 온몸을 던지는 듯한 격정적이면서도 명징한 터치로 연주해 나갔다. 전율이 심장을 타고 내 온몸에 퍼져 나갔다.

영국의 「더 타임스」는 서혜경이 필하모니아 오케스트라와 협연한 라흐마니노프의 피아노 협주곡 제3번에 대해 '이 곡에 대한 깊이 있는 천작으로 그녀는 이 작품을 그녀의 명성에 걸맞은 섬광과 같은 충격과 신선함으로 가득 채웠다'고 표현했는데 적확하면서도 공감이 가는 평이라고 생각한다.

'피아니스트 서혜경이 강인하면서도 열정적이며 불굴의 투사와 같은 느낌을 주는 것은 무엇 때문일까?'

그녀가 만 스무 살 젊은 나이에 이탈리아 부조니 콩쿠르에서 우승하자 광화문에는 '서혜경 부소니 세패'라는 현수막이 걸렸고 정부로부터 정경화, 정명훈에 이어 보관문화훈장을 수여받았다.

바로 그즈음, 서혜경은 팔의 극심한 통증과 함께 피아니스트에게는 치명적인 근육 마비가 왔지만 좌절과 절망을 딛고 일어나 1983년 ARD 뮌헨 콩쿠르에 도전하여 입상함으로써 의지의 음악인이라는 깊은 인상을 남겼다.

그녀는 지금 유방암 말기라는 극한의 상황에서 큰 수술과 33번에 걸친 항암치료를 이겨내고 불과 3개월여 만에 피아노 앞에 앉아 삶과 죽음의 경계에서 살아 있음을 고백하는 열정과 도전의 무대를 장엄하게 펼치고 있는 것이다. 그야말로 혼신의 힘을 다한 연주는 참으로 가슴 저린 감동으로 청중을 사로잡았다. 그리고 앙코르곡으로 쇼팽의 야상곡을 오직 피아노 위의 희미한 불빛 아래에서 들려줌으로써 그녀가 겪어야 했던 삶과 죽음에 대한 불안, 공포, 좌절을 극복하고 다시 일어섬을 온몸으로 보여주었다.

이어 두 번째 앙코르곡인 슈만의 트로이메라이(꿈)를 부드러운 터치로 연주할 때 조용하면서도 절제된 흐느낌이 청중석에서 배어 나오기 시작했다.

연주가 끝나고 그녀가 몸을 굽혀 떨어진 귀고리 한 쌍을 집어들며 천천히 몸을 일으키는 순간, 청중은 기립하여 그녀에게 우레와 같은 박수로 마음 깊은 곳에서 우러나오는 뜨거운 격려의 화답을 하였다. 무대와 객석의 일체감이 온 콘서트홀을 가슴 벅찬 감동의 도가니로 몰아넣었다.

잠시 후, 압박붕대를 감은 그녀가 팬들 앞에 나타났을 때 뜨거운 박수가 콘서트홀 로비를 가득 메웠다. 난생처음 연주자의 사인을 받기 위해 긴 대열에 합류했다. 내 차례가 되었을 때 나는 그녀에게 말했다.

"희망이라고 써주십시오."

그녀가 사인하다 말고 흠칫하며 나를 올려다보았다. 미소 띤 나의 얼굴을 본 그녀도 밝은 미소와 함께 포스터에 '희망'이라고 쓰면서 하트(♡) 표시를 해주었다. 그녀의 사인이 담긴 포스터를 받으면서 나도 마음속으로 감사의 뜻을 전했다.

'치열한 투병생활 끝에 이처럼 열정적으로 연주하는 모습에서 나는 당신의 희망을 읽었고, 모든 청중들과 함께 나 또한 당신으로부터 삶에 대한 희망이라는 메시지를 받았습니다.'

피아니스트 서혜경과 나눈 트로이메라이(꿈)는 바로 나의 '희망'이 되었다.

그립다 말할까

내시가 새 생명의 푸른 숨길을 거칠게 내뿜는 5월의 어느 날, 명동 성당의 혼배성사에서 내 옆에 서 있던 김화숙(金和淑)은 아내라는 이름으로 결혼반지를 살며시 내게 내밀었다.

그 후 쌍둥이 두 아들을 낳고 기르며 삶의 희로애락을 같이했던 나날들은 이젠 소중한 추억으로 흰 눈이 소복이 쌓이듯 마음의 들판에 눈사람이 되었다.

큰아들이 대학을 졸업하고 대학원은 미국 보스턴 대학교로 가게 되었다. 아내는 성균관대 국문과를 졸업한 후 50대에 가톨릭 대학교 교리신학원에 입학하여 신학을 공부하였다. 아내에게 마침 하버드 대학교에서 신학을 수학할 기회가 와서 큰아들 뒷바라지도 할 겸 미국 보스턴으로 함께 보냈다.

작은아들도 미국 하와이 주립대 재학 중이라 아내와 큰아들을 인천공항에서 보내고 집에 오니 같이 있을 때 잘 몰랐는데 집의 빈 공간이 너무나 커 보였다.

1장 : 사랑 2장 : 삶 3장 : 미(美) 4장 : 평세 5장 : 자연 6장 : Twitter

이제 나는 먼 창공을 소리 없이 홀로 나는 기러기 아빠가 되었다. 비 오는 날, 바람 부는 날, 외로움 속에 가족을 향한 그리움은 더욱 깊어가고 눈 내리는 오늘 난 마음속에 그리움이란 눈사람을 굴리고 있었다.

아내의 활짝 웃고 있는 사진을 보고 있노라면 가슴 깊이 저려오는 그리움으로 눈가에 이슬이 맺히네. 내가 사랑하였고 사랑하고 있고 사랑할 존재가 사진 속에서 V를 그리며 웃고 있네.

작년 오대산에 갔을 때 아내는 비포장길을 걷고 나는 차를 몰고 뒤따랐지. 구정을 며칠 지난 오늘 밤새 흰 눈이 와서 소북이 쌓였고 지금도 오고 있네.

88올림픽대로를 달리면서 지금 옆에 아내가 있으면 차를 돌려 오대산에 가서 흰 눈을 밟으며 같이 다시 걷고 싶네.

차 안을 흐르는 사라 장의 바이올린 음률이 아내의 목소리처럼 곱고 예쁘게 내 마음속에 울리고 있다. 4반여 세기 삶의 길을 같이 걸어오며 더욱 그립고 보고 싶은 것은 아직도 못다 한 말들이 눈송이처럼 마음속으로 내리고 있기 때문이리라.

삶의 길을 같이 걸으면서 좀 더 다정히 대해 줄 수 있었는데….

좀 더 기쁘게 해줄 수 있었는데….

좀 더 마음 안 아프게 할 수도 있었는데….

후회와 아쉬움이 눈송이처럼 내 마음에 쌓이네.

아내 생각에 예전에 같이 다니던 양수리 향촌식당에서 혼자 보리

밥을 앞에 놓고 보니 소리 없이 눈물이 흐른다. 손수건으로 눈가를 닦으며 잠시 숟가락을 가만히 놓네. 하늘의 비행기를 보면, 창밖에 내리는 빗줄기를 보면, 오늘처럼 이렇게 눈발이 날리는 날이면 더욱 보고 싶다. 태평양을 가로질러 지구 반 바퀴 보스턴에 가면 내 아내가 사랑하는 아이들 시중(是中), 사중(思中)이와 옹기종기 모여 있는데… 그리고 내 말을 하고 있겠지….

예전엔 어머니만 생각하면 눈물이 고였는데 세월이, 그리움이 아내를 어머니의 자리로 밀어놓았네.

– 2000년 2월, 양수리 향촌에서

나는 행복합니다.
당신도 행복하십시오

일요일이라 성당에 미사 참례하러 갔더니 가톨릭 신문사에서 오신 신부님이 미사를 집전하면서 강론한 말씀이 여러 가지를 생각게 하였다.

한국에도 다녀가신 요한 바오로 2세 교황께서 선종 직전 병상에서 방문객에게 "나는 행복합니다. 당신도 행복하십시오"라고 말씀하신 일화를 이야기하면서, 그분이 수많은 강론과 저서로 하느님의 말씀을 전하였지만 이 말씀 속에 그분의 모든 것이 함축되어 있다는 것이 강론 요지였다.

그래, 그분이야 천주교의 최고수장인 교황직에 오르신 분이니 그럴 수도 있겠다고 생각할 수 있지만 그분이 단순히 교황직을 두고 말씀하신 것은 아닐 것이다.

나는 그분이 말씀하신 '행복'에 대하여 생각해 보았다. 사람은 누구나 행복하길 바라고 추구하고 있다. 권력, 돈, 명예, 건강, 가정의 평화 등 행복의 필요충분조건은 사람마다 많이 있겠지만 과연 그것이 행복의 필수 조건은 아닐 것이다.

'행복'은 과연 무엇인가?

나는 '행복'한가?

그 근본적인 물음이 오늘 나의 화두가 되었다. 교황님이 말씀하신 '행복'에 대하여 내 나름대로 생각해 보니 그분은 자신은 '하느님과 함께 있다'라는 믿음으로 '행복하다'라고 말씀하지 않았을까?

그렇다면 '당신도 행복하십시오'라는 말씀은 이 세상의 부귀영화를 두고 말씀하신 것이 아니라 당신이 행복하기 위해서는 하느님과 함께하라는 뜻이라고 생각된다.

하느님을 믿는 사람들은 물론 타 종교인이나 신의 존재를 믿지 않는 사람들에게 '하느님과 함께 있다'라는 것은 무엇일까?

하느님에 대해서 즉, 신의 존재에 대하여 신학적으로 여러 학설과 논리가 있겠지만 나에게 하느님은 가장 단순한 말 바로 '하느님은 사랑이시다'였다.

그래, 바로 '사랑'이야. 하느님과 함께한다는 것은 종교나 신념과 믿음을 떠나서 '이웃과 함께 사랑을 나누고 실천하는 것'이야.

물질적인 도움이 전부가 아니고 아픈 사람에게는 위로와 외로운 사람에게는 어깨를 빌려주는 것 등 얼마든지 내가 아닌 이웃을 위해 봉사할 수 있다는 것, 그것이 상대방에게는 잠시일지라도 행복할 수 있는 것이고 바로 나 자신도 행복한 미소를 머금을 수 있는 것, 그것이 바로 행복이라고 나는 정의하였다.

이것이 오늘 나의 '행복'이란 화두에 대한 나름대로의 깨달음이었다. 그렇다. 세월이 가지만 나에게 이웃에 대한 사랑의 마음과 실천이 있는 한 나는 지금 행복하다. 내일도 행복할 것이다.

그리고 내 이웃에게도 '행복하십시오'라고 진심으로 빈다.

엄마, 사랑해요

"엄마."

가만히 입속으로 불러본다. 따사롭고 그리운 정감이 온몸을 구석구석 파고든다. 어머니가 92세로 소천하신 지 벌써 3년이 지나가고 있다.

어머니는 쌍둥이 친손자가 유치원에 다닐 때 미국에 있는 막내딸이 아이를 낳자 '내가 몸 성할 때 맞벌이하는 막내딸 도와야지' 하고 미국 가셔서 두 외손자를 키우셨다.

어머니가 틈틈이 한국에 나오셔서 함께 지내기도 하고 내가 1년에 두세 번 어머니 계시는 미국 가서 찾아뵈었지만 직접 모시지 못한 것을 어쩔 수 없는 일이라 자위하면서도 지금도 항상 마음에 걸린다.

한 해 한 해 어머니가 연세 들어가자 난 어머니에게 의도적으로 "엄마" 하고 살갑게 불렀다. 그러면 참 좋아하시던 표정을 지금도 잊을 수 없다. 어머니는 나와 밑의 여동생 둘 산 남매를 이 땅의 강인한 어머님들 못지않게 어려움 속에서 잘 키우시느라 온 정성을 다하셨다.

일제 말 그리고 해방정국에 이은 6·25사변 등 그 어렵고 힘든 시절 보릿고개를 넘기며 얼마나 힘드셨을까 생각하면 콧등이 시려오고 가슴이 미어진다.

지난 2009년 5월 15일 하와이에 있는 어머니(金福順) 묘소에 작은아들과 함께 절을 올리며 어머님 전상서를 마음속으로 썼다.

〈어머님 전상서〉

엄마,

엄마가 천사라 부르던 착한 쌍둥이 동생인 엄마의 손자 思中이와 함께 왔어요.

엄마,

엄마의 빈자리가 너무 커서 눈물이 납니다.

엄마,

思中이가 하와이 대학교에서 내일 박사학위를 받아요. 엄마가 함께하셨으면 얼마나 좋아하실까 생각하니 새삼 엄마 생각이 간절하네요.

思中이 하와이 대학교 졸업식에서 엄마에게 학사모 씌워드리면서 사진 찍으며 기뻐했던 일이 엊그제 같은데… 思中이가 지금은 대학원을 끝마칩니다.

엄마, 생각나세요?

큰손자 是中이의 서울대 (물리학과) 입학식 날 큰손자는 서울대에, 작은손자는 미국 하와이 주립대에 입학하였으니, 아들 대신 손자들이 소원성취해 드리고 효도하고 있다고 한 제 말 기억나세요?

이제 쌍둥이 큰손자 是中이는 보스턴 대에서, 작은손자 思中이는 하와이 주립대에서 내일이면 박사학위를 받습니다. 또, 思中이는 의학 공부를 하고 싶다며 다시 하와이 의대에 입학했어요.

공부 잘하는 두 박사 손자가 자랑스럽지요?

제가 엄마를 직접 모시지 못하고 부족한 점, 섭섭한 점 많이 많이 있었겠지만 이제 훌륭히 성장한 두 손자 보고 제 허물을 용서해 주세요. 아들도 엄마 손자 둘 잘 키우고 이 세상 올바르게 살려고 열심히 노력했고 노력하고 삽니다.

엄마,

다음 7월 17일에는 思中이 입학식이 있어요. 워싱턴에서 是中이가 가족과 함께 올 거예요. 是中이는 아들이 벌써 둘이에요. 엄마 증손자 큰애는 원영이, 둘째는 태원이라고 이름 지었어요. 思中이는 딸이 하나구요. 성아라고 이름 지었어요.

엄마,

손주며느리 둘, 증손자 둘, 증손녀 하나 다 함께 엄마 묘소에서 큰절 올리도록 하겠습니다.

엄마,

엄마가 말씀하신 '감사합니다'를 항상 잊지 않고 기억하면서 주위 사람들과 더불어 감사하는 삶을 살겠습니다.

엄마,

사랑하고 그립습니다.

HOPE

미국 하와이의 의학연구소에 근무하고 있는 작은아들 思中이가 학술회의 참석차 싱가포르에 가게 되었다. 그 애가 서울에 오면 시간 낭비가 많을 것 같아서 시간 여유가 많은 우리 내외가 싱가포르로 가기로 하였다.

학술회의 때문에 피곤했던 작은아들도 좀 쉬게 할 겸 인도네시아 바탐 섬으로 가족여행을 떠났다.

인도네시아 바탐 섬의 Batam View Beach Resort 바닷가 빌라에서 발밑의 파도소리를 들으면서 망중한을 즐겼다. 바닷물은 옥색으로 채워져 있고 싱가포르로 가는 길인지 컨테이너를 가득 실은 배들이 이따금씩 보였다.

'왔노라, 보았노라, 생각하였노라.'

내가 본 것은 우리들 삶의 우여곡절 많은 여정이었고, 내가 생각한 것은 살아왔던 길 살고 있는 삶의 순간이었다.

평범한 일상의 삶에 지쳐갈 때 사람들은 일상에서의 일탈을 수

단으로 여행을 꿈꾼다. 새로운 구경거리도 이제는 지나가는 흑백 필름처럼 보이는 경치에 대해 쉴 새 없이 셔터를 누르는 주위 사람들을 보면서, 살아온 삶의 족적인 사진들을 정리하는 사람의 심경을 이제는 조금 이해할 만큼 세월을 살았다는 생각에 약간은 씁쓸하였다.

아침식사 후 작은아들이 제 어머니와 열심히 이야기하고 있다. 아들에게 컴퓨터와 MP3의 기능에 대해서 묻고 적는 모습이 보는 나로 하여금 가족의 따스함을 느끼게 한다.

야자수와 바나나 나무가 우거진 빌라의 오솔길을 걸으며 아내의 즐거워하는 모습을 보니 문득 큰아들 생각이 난다. 오랜만에 작은 아들과 아내와 함께 셋이 손잡고 걷고 있으니 참으로 행복하다. 是中이도 함께 있으면 온 가족이 다 모이는 것인데….

아들의 어렸을 때 모습이 오버랩되면서 콧등이 시큰거린다. 옛날에 대한 향수랄까 추억이 파도처럼 몰려와 조용히 작은애의 어깨를 살며시 감싸 안았다.

어젯밤 거실에서 Tiger Beer 한 캔과 함께 아내와 아들과 이런저런 이야기를 나누었다. 항상 이야기한 대로 하고 싶은 일을 하면서 도전정신을 소중히 간직하라고 말해 주었다.

어떠한 삶도 도전할 만한 가치가 있다. 어떠한 어려움 속에서도 희망의 끈을 꽉 붙잡아야 한다. 이 아버지가 예전부터 너(작은아들)를 보고 HOPE라고 불러왔던 것은 인생에 있어 '희망'의 소중함을 심어주고 싶었고 네가 아버지의 희망이기 때문이다.

아버지 세대가 어려운 청·장년기를 보내고 오늘날 꿋꿋이 제 나름의 길을 가고 있는 것은 가족이라는 훈훈한 끈이 있기 때문이리라!

그러나 '의학을 연구해서 인류를 위해 보탬이 되고 싶다'는 그 아름답고 순수한 꿈을 결코 잊지 말고 어떠한 어려움 속에서도 지켜 주길 바란다. 그것이 우리 작은아들에 대한 아버지의 바람이다.

너와 네 형과 어머니와 함께 할머니 모시고 하와이의 이웃 섬 카와이에서, 마우이에서, 그리고 빅 아일랜드의 빌라에서 즐거웠던 기억들이 이승에서 할머니와의 마지막 소중한 추억으로 남게 되었구나.

웅엄한 파도소리를 들으며 책을 읽는다.

망중한.

치열함 속에서, 좌절 속에서도 갈대처럼 소나무처럼 살아온 삶의 길목이었다. 지금 이 아름다운 풍경을 눈과 귀와 머리에 남기며….

먼 훗날 돌아오지 않을 긴 여행을 떠날 때 간직하고 싶다.

아내와 함께 마시는 커피 맛이 더욱 향기롭구나.

네 엄마를 부탁해

워싱턴에 살고 있는 큰아들 집에 머무르면서 이런저런 옛날 이야기를 나누다가 앞일에 대해서 아들에게 당부를 하게 되었다.

이제는 손자도 둘이나 보고 어느덧 70을 바라보니 얼마 남지 않은 미래에 대해서 세월의 무게를 느꼈다.

아들아!

• **도전하는 삶** : 모든 일에 자부심을 갖고 당당하라. 안주하기보다는 확고한 목표를 세우고 도전하는 삶을 살아라.

• **일** : 옳은 일이라면 하고 싶은 일을 하면서 살아라. 인생은 생각보다 그리 긴 것이 아니다.

• **정직** : 세상에 도움되는 일을 하면서 살아라. 정직하고 착하게 살아라.

미래의 불확실성에 대한 대비

'한국인들은 평소에는 체면 등 사유로 내면을 감추고 있다가 위급

한 상황이 되면 준비 없이 내면을 드러낸다'라는 말이 있다.

아들아, 이제 나는 미래에 생길 수도 있는 일들에 대해 분명한 의사를 밝힘으로써 너희들에게 도움이 되고자 한다. 이것은 나의 생전 유언(Living will)이기도 하다.

손명세 연세대(예방의학) 교수는 '당하는 죽음에서 맞이하는 죽음으로'라는 제목으로 중앙시평에 '언제 어떤 사고가 닥치거나 어떤 질병에 걸려 갑자기 죽음을 맞이할지 모르는 삶의 한가운데서 죽음의 순간을 상상해 보고 나는 그 시점에 어떤 사람들과 어떤 모습으로 죽어가고 싶은지, 그리고 나의 시신이 어떻게 처리되기를 원하는지 미리 고민해 보고 이를 적어놓을 필요가 있다'라고 쓰고 있다.

공감이 가는 말이다. 잠시의 국내외 여행에서도 챙길 것이 많고 신경 쓸 일이 많은데 하늘여행에 대한 준비가 없다면….

영국 극작가 버나드 쇼가 직접 지은 '우물쭈물하다 내 이렇게 될 줄 알았다'라는 그의 비문의 글이 그냥 웃어버릴 남의 일이 아니잖겠는가.

"I knew if I stayed around long enough, something like this would happen."

- Shaw George Bernard

네 엄마를 부탁해

옛 시에 '아버님 날 낳으시고 어머님 날 기르시니 '라는 구절이 있다.

부부가 한날한시에 하느님한테 가면 얼마나 좋으련만 그것은 바람일 뿐, 만일 아버지가 하느님 먼저 보러 가면 기력도 떨어지고 외로움을 더욱 탈 네 어머니만 이 넓은 세상에 홀로 남는데 물론 자식들인 너희들이 오죽 잘하겠냐마는 그래도 노파심으로 한 번 더 강조하고 싶다.

네 엄마를 진심으로 부탁한다.

소설가 신경숙 씨의 소설 『엄마를 부탁해』를 아직 읽어보진 못했지만, 아버지가 평생을 살아오면서 본 네 어머니는 강한 것 같으면서도 한없이 마음이 약한 여자다.

너희들 몸의 눈, 코, 입 등 살과 피가 다 어데서 왔느냐? 바로 부모의 살이요, 피를 받아 온전한 너희 몸이 된 것이다. 네 어머니는 이 아버지의 과보호(?)로 세상 물정 모르고 하느님에 대한 봉사, 헌신적인 자식들의 뒷바라지로 평생을 살아왔다. 절대 소홀함이 없도록 열과 성을 다해 봉양해 주길 믿고 또 간절히 바란다.

어느 날 네 어머니의 성경 책갈피에 교회 잡지에 실린 어느 엄마가 쓴 '어느 아들의 엄마 사랑 이야기'라는 글이 스크랩 되어 있더구나. 네 어머니가 말 없는 가운데 너희들에게 얼마나 의지하고 싶은지 그 마음을 보는 것 같아 아버지의 마음이 저렸다. 동봉하니 일독하기 바란다.

집회서를 읽다 문득 아래 구절이 마음에 와 닿았다.

'제 어머니를 영광스럽게 하는 이는 보물을 쌓는 이와 같다.'

얘야, 네 어머니가 나이 들었을 때 잘 보살피고 그가 살아 있는 동안 슬프게 하지 마라. 그가 지각을 잃더라도 인내심을 가지고 그를 업신여기지 않도록 네 힘을 다하여라.

• **치매** : 부모에게 그런 일이 없어야겠지만 만일에 치매 등으로 어려운 일이 생기면 요양원에 모시고 가끔 문안 인사해라.

막내 처남 집에서 장모님이 치매로 오래 고생하시는 모습을 지켜보았는데 서로를 위해서 요양원이 제일 좋을 듯하다.

• **존엄사** : 김수환 추기경께서도 병원 입원 중 담당 주치의에게 자신은 존엄사 하시겠다며 무의미한 생명연장 조치를 하지 않겠다는 약속까지 받으셨다는 신문기사를 보았다. 한국의 대법원은 전원 합의체에서 공개변론까지 하면서 연명치료 중단에 관한 자기 결정권과 본인의 중단의사를 인정했다. 회복 가능성이 없으면 존엄사를 하고 싶다.

• **장례** : 너의 할머니를 미국 하와이에 모셨으니 가급적 할머니 묘소 근처에 매장해 주었으면 좋겠고, 한국에서 운명하면 운구 비용이 많이 들거나 번잡하면 화장을 해서 할머니 모신 공원묘지에 안장해다오.

그러면 너희 아들 그리고 그 아들의 아들들이 하와이에 일생 한두 번은 올 터이니 가족의 의미를 새기지 않겠느냐?

• **유산** : 아버지는 재산은 별로 없지만 부모 운명 후 남은 재산이 있으면 3분의 2는 형제간에 공평히 나누고 형제간에 우애 있게

살아라. 그리고 3분의 1은 용산고등학교 동창회에 포스코 주식으로 기증해서(주식을 팔지 않는다는 조건부) 그 배당금으로 매년 가정형편이 어려운 학생에게 장학금을 주어 조그마한 보탬이 되었으면 좋겠다.

마더 테레사는 이렇게 말했다. "어려운 모든 사람을 다 안아주지는 못하지만 한 사람 한 사람에게 마음으로 정성을 다해 안아줄 뿐"이라고.

아버지는 옛날 가정형편이 어려워서 용산중학교 졸업 후 합격한 용산고등학교 진학을 포기하고 국립교통고교로 갔다. 서울공대를 합격하면 당시 국립교통고교는 학비지원제도가 있었다.

• **기증** : 아버지는 김수환 추기경처럼 때가 되었을 때 각막 기증을 해서(두 눈 중의 하나) 어둠에 있는 사람에게 빛을 찾아주도록 했으면 좋겠다. 남은 한 눈은 그리운 너희 할머니를 보기 위해서 남겨두어라.

천상병 시인의 '귀천(歸天)'이 생각난다.

나 하늘로 돌아가리라
새벽빛 와 닿으면 스러지는
이슬 더불어 손에 손을 잡고,

나 하늘로 돌아가리라
노을빛 함께 단 둘이서

기슭에서 놀다가 구름 손짓하면은

나 하늘로 돌아가리라
아름다운 이 세상 소풍 끝내는 날,
가서, 아름다웠다고 말하리라….

아버지는 티 없이 맑고 깨끗한 영혼을 지니고 싶고 천상병의 시처럼, 그렇게 어느 날 문득 하늘여행을 떠나고 싶다. 그리고 가서 말하리라 "이 아름다운 세상에서 아내와 두 아들과 행복하게 살았었노라!"고.

용인 천주교 묘원에 있는 김수환 추기경의 장례 미사에 참여하면서 "고맙습니다. 서로 사랑하세요" 하신 생전의 말씀을 마음속 깊이 새기면서 우리 두 아들도 감사하는 삶, 서로 사랑하는 삶을 살아가도록 기도드렸다.

이삭이 야곱에게 축복하였다.
"하느님께서는 너에게 하늘의 이슬을 내려주시리라.
땅을 기름지게 하시며 곡식과 술을 풍성하게 해주시리라."

(창세기 27:28)

– 2009년 6월 15일, 유만근

효도십일조

지난 5월, 박사학위 받는 큰아들의 졸업식에 참석차 미국 보스턴 시로 가려고 인천공항에 나갔다가 우연히 친구를 만났다.

친구가 "아들에게 십일조 수금하러 가느냐?"며 농담을 하였다.

언제인가 친구와 저녁식사를 하던 중 효도에 대해 이야기하다 그 친구에게 자식들이 부모에게 효도하게 하기 위하여 부모가 십일조를 받아야 한다고 했던 내 말이 생각났던 모양이다.

자식들은 대부분 부모로부터 받기만 하고 성장해서 그런지, 받는 것을 당연시하는 경향이 있다고 생각한다.

어느 신문에 요즘 젊은이들이 교육은 물론 결혼비용, 가구, 집 등을 부모가 당연히 해주어야 하고 결혼 후에도 생활비 보조를 바란다는 기사를 보았다. 그런데 나는 자식들이 성장하여 돈 벌면 낳으시고 키워주신 부모님에게 그동안의 노고에 감사하는 의미에서 십일조를 드려야 한다고 열을 내었던 일이 있었다.

어느 어머니가 생선을 구워 자식에게는 살만 주고 자기는 대가리만 먹으니 그 자식이 결혼해서 제 아내에게 우리 어머닌 살보다 생선 대가리만 좋아한다고 말했다는 웃지 못할 이야기가 있다.

친구들은 우리 세대를 낀 세대라고 한다. 부모님 봉양하는 것은 기본이고 자식들 공부시키고 결혼에 따른 지원으로 막상 자신들의 노후 준비는 어려운 실정이고, 자식들에게도 별로 기대를 못 하기 때문일 것이다.

내 경우에도 부모님 살아계실 때 효도하라는 말을 듣고 자랐으며, 3년 전 어머님마저 돌아가시고 나니 더 잘해드릴 걸 하는 후회와 쇠스러운 생각이 세월이 갈수록 더할 뿐이다.

그래서 내 자식들도 나처럼 후회하지 않도록 하려면 어떻게 하는 것이 좋을까 생각하다 아들에게 효의 의미로 십일조를 받아야겠다는 결론에 이르렀다.

'자식들이 건강하고 제 앞가림이나 하면 그게 효도다'라고 많은 부모들이 말하고 있으니, 자식들도 으레 그러려니 하고 결혼해서 제 식구만 챙기는 것이 요즈음의 세태가 아닌가 싶다. 그래서 우리 부부는 작년부터 미국 보스턴 대학교에서 박사과정을 밟고 있는 큰아들에게 네가 취업해 돈 벌면 부모에게 십일조 드려야 한다고 아주 다짐을 받아누었다.

큰아들은 졸입 전에 이미 워싱턴에 있는 미국립보건연구소에 박사연구원으로 취업되어 근무하고 있는 중이다. 이번 졸업식 참석차 워싱턴에 있는 아들 집에 들르니 큰아들 내외가 절하면서 지난 4월에 받은 첫 급여 중에서 십일조를 준비했다며 봉투를 내밀었다. 그래서 다음 날 아들에게 어머니와 공동명의로 통장을 개설하여 이번에 받은 십일조와 함께 앞으로 지속적으로 저금하도록 하였다.

혹자는 부모자식 간에 너무 심하다고 할는지 모르지만 내 생각은 다르다. 어느 날 우리 부부가 이 세상에 없으면 자식은 부모에게 효도하고 싶어도 못할 것이니 평소 그래도 부모님이 원하신 대로 최소한 십일조는 하였다는 것이 위안이 되지 않겠나? 하는 뜻에서이다.

또한, 아들이 워싱턴에 월셋집 구할 때 보증금(한 달 월세)을 지원해 주었다. 앞으로는 부모한테 의지하지 않고 자기 힘으로 모든 것을 알아서 할 것이다.

아기가 한 걸음 한 걸음 걸음마를 배우듯이 아이들은 세상 밖으로 홀로 걸어나가며 자신감을 키워나갈 것이다.

부모 마음이야 집도 사주고 싶고, 모자라면 전세라도 얻어주고 싶은 심정이었지만 해주는 것만이 능사는 아니라는 것이 내 인생 철학이다.

얘야, 자립심과 용기, 건강을 지켜라.

우리가 낀 세대라고 한탄만 하지 말고 지금부터라도 취업한 자식들에게는 늦었지만 십일조 받고(소급은 좀 어렵겠지), 앞으로 취업할 자식에게는 평소에 잘 교육시켜 다짐을 받아두는 것이 좋을 듯하다.

미래를 위한 저축이 곧 노후대책이라는 것을 우리가 죽고 나면 그들은 깨달을 것이다.

위대한 유산은 재물을 남겨주는 것이 아니라 어떻게 도리를 지키며 긍정적인 인생을 살아야 하는지를 가르쳐주는 것이라고 나는 생각한다.

나무가 아프겠다.
나무를 살려야겠다

다섯 살 사내아기가 한 살 터울 동생과 함께 아파트 마당에서 놀고 있습니다. 할아버지가 행여 다칠세라 옆에서 지키고 있습니다. 형이 어른 손 뼘 되는 마른 나뭇가지를 줍고 말합니다.

"나무가 아프겠다. 나무를 살려야겠다."

그리고 화단에 들어가 마른 나뭇가지를 땅에 세우고 흙을 모은 다음 고사리손으로 토닥토닥합니다. 동생도 형을 따라 토닥토닥 열심히 합니다. 할아버지가 '얘들아, 마른 나뭇가지는 다시 살지 못한다'고 말하려다 그만둡니다.

아는 것이, 지식이 무엇인지 깊이 생각합니다. '어린아이와 같지 않으면 천국에 들어갈 수 없다'고 예수님이 말합니다. 할아버지는 비로소 압니다. 어린아이와 같다는 것은 저 아이들처럼 생명을 존중하는 삶이라는 것을…. 예수님은 청년이었지만 어린아이와 같은 마음을 지닌 청년 어린이였다는 것을 비로소 깨닫습니다.

할아버지는 오늘 손자들로부터 큰 가르침을 배웠습니다. 자신의 삶 속에서 치열한 경쟁 속에서 밤하늘의 아름다운 별을 잊고 산 것처럼 어린아이의 순수한 마음을 잃어버리고 살아왔다는 것을 비로소 깨닫습니다. 앞으로는 마른 나뭇가지도 커다란 나무로 크리라는 믿음을 갖고 가족과 이웃에게 더욱 보탬이 되는 삶을 살아야겠다고 다짐합니다.

할아버지 할머니가 큰아들과 며느리와 함께 아이들을 데리고 장난감 가게로 갑니다. 아이들이 사달라는 값이 싼 기차를 할아버지 할머니가 한국에서 오시면 사줄 거라고 미루어놓았다고 합니다. 아이들에게 할아버지 할머니의 존재를 생각하도록 한 사려 깊은 행동이었습니다. 할아버지는 아들 내외의 마음 씀이 고맙습니다.

할아버지 할머니는 아이들이 보아두었던 작은 기차를 사줍니다. 그리고 조립식 놀이기구도 사줍니다. 아이들이 뛸 듯이 기뻐합니다. 생각지도 않은 큰 선물을 받았다고 생각하나 봅니다. "비싼 거"라고 큰 아이가 말합니다. 할아버지가 마음속으로 아이에게 말합니다. '오늘 너희들의 가르침이 얼마나 비싼 것인지… 값으로 따질 수 없는 것이었다'고.

할아버지 할머니가 오랜만에 손자들을 데리고 잠을 잡니다. 아이들이 뒤척이며 미소 짓습니다. 오늘 심은 마른 나뭇가지가 큰 나무가 되어 그 밑에서 뛰어노는 꿈을 꾸고 있나 봅니다. 아이들과 함께 자는 방의 창밖에 별이 빛나고 있습니다. 아이들은 커가면서 오늘 마른 나뭇가지를 심은 것을 기억하지 못하겠지만, 할아버지는 결코 잊지 못할 소중한 추억입니다. 아이들의 그 착한 마음이 무럭무럭

커서 커다란 과일나무가 되어 더위에 지치고 힘든 사람들에게 큰 그늘로 쉼의 자리를 마련해 주고, 배고프고 목마른 사람들에게는 자신의 몸에서 자란 과일로 요기할 수 있도록 하는 그런 큰 나무 같은 사람이 되어주길 창밖의 보름달님에게 가만히 빕니다.

할아버지에게 오늘은 워싱턴에 살고 있는 큰아들 집에 1년 만에 들러 큰손자 원영, 작은손자 태원이와 함께 한 보람있는 날이었습니다. 하와이 작은아들 집에 있는 손녀 다섯 살 성아도 이 아이들과 함께 잘 자라서 어려운 이웃에 손을 내밀어주는 따뜻한 사람으로 커주길 바랍니다.

손자들과 함께 자는 할아버지의 잠든 주름진 얼굴을 창밖의 달빛이 어루만져주고 있습니다. 창밖의 보름달이 미소 짓고 있습니다. 그리고 달님이 속삭입니다. 할아버지의 소원을 들어주겠다고, 그리고 할아버지가 바라는 대로 될 거라고.

손자들과 함께한 오늘 하루는 할아버지에게 참으로 행복한 하루였습니다. 할아버지 할머니도 자면서 미소 짓습니다. 아마 오늘 심은 마른 나뭇가지가 큰 나무가 되어 그 그늘에서 손자 손녀들과 술래잡기를 하는 꿈을 꾸나 봅니다.

세상에서 아름다운 말

옛말에 '새도 죽을 땐 슬피 울고 사람은 착한 말을 한다'고 했던가?

얼마 전 잘 아는 부부의 남편으로부터 들은 말이 생각난다.

부부는 여러 가지 사유로 이혼은 못하고 오랫동안 별거 상태로 지내던 중, 부인이 뜻하지 않은 사고로 병원 중환자실에 입원하게 되었다.

남편은 내키지 않았지만 문병을 가니 부인이 "미안해요, 고마워요"라고 말한 후, 얼마간 더 투병하다 저세상으로 갔다고 한다. 남편은 부인의 그 말로 부인과 '화해'하였다고 말하였다.

내가 아는 한 남편이 먼저 용서를 빌었어야 하지 않았을까 하는 생각이 들었다. 한편 생각해 보니 부인은 별거 중인 남편으로 하여금 문병을 오게 해서 미안하고 고맙다고 말할 수도 있었겠지만 결혼생활과 별거에 따른 잘잘못보다는 과거에 좀 더 이해하고 화해하였더라면 하는 후회감 비슷한 마음으로 '미안해요, 고마워요'라고 말하지 않았을까 내 나름대로 생각해 보았다.

이 일을 옆에서 지켜본 나로서는 이 세상에서 아름다운 말을 고르라고 하면 예전에는 피상적으로 '사랑해요'라는 말이 아닐까 생각했는데 부부 관계는 물론 타인과의 관계에서도 '미안합니다, 고맙습니다'라는 말처럼 아름다운 말은 없을 것이라고 생각하게 되었다.

사는 동안 무수한 사건과 만나면서 애증 관계 등 마음 상할 때가 많다. 그런데 상대방의 잘못에 분노와 증오의 감정보다 이해하고 용서하는 마음을 지닌다면 이 세상은 보다 더 아름다워질 것이고 자신의 삶은 보다 더 행복해지리라.

삶의 무게

삶이란 나이 들어가는 것.

언제부터인가 나이를 의식하고 있다면 삶의 무게를 어렴풋이 자각하고 있다고 해도 틀린 생각은 아니겠지. 그렇다면 살아가는 과정에서 삶의 무게를 느끼는 것은 자연스러운 현상이다.

골프에 있어 클럽헤드의 무게를 느끼는 골퍼만이 정확하고 멀리 공을 보낼 수 있듯이 나의 일상 생활에서 삶의 무게를 느끼며 살아간다는 것은 단순히 나이만 의식하는 것은 아닌 '사람은 무엇으로 사는가?'에 대한 물음일 것이다.

톨스토이는 인생에서 가장 중요한 세 가지 질문을 했다.

- 가장 중요한 때는? 가장 중요한 사람은? 가장 중요한 일은 무엇인가?에 대한 답을 이렇게 들려준다.
- 인생에서 가장 중요한 때는 바로 지금 이 순간이고, 가장 중요한 사람은 지금 나와 함께 있는 사람이며, 가장 중요한 일은 지금 내 곁에 있는 사람을 위해 좋은 일을 하는 것이다.

불교에서는 생자필멸(生者必滅)이라 하여 인간이 죽음을 피할 수는 없다고 했다. 우리가 할 수 있는 것은 귀중한 사람들과 귀중한 시간을 함께하는 것뿐이다.

사랑만이 사랑을 낳듯이 우리가 사랑하기로 마음먹을 때마다 사랑해야 할 일을 새롭게 발견하게 된다.

삶의 무게를 느끼며 사는 이 순간 내가 사랑해야 할 사람이 있다는 사실에 기뻐할 줄 알고, 사랑할 수 있는 능력이 있기에 감사할 줄 아는 아름다운 삶에 대한 열정으로 오늘 그리고 내일을 맞이해야겠다.

우정(牛亭)

월요포럼의 K회장이 가페 '메기의 동산'에 내세 별명을 하나 지어 올렸다기에 열어보니, 2007년 7월 31일 자 '파도리 바다낚시' 글 중에 이런 내용이 있었다.

"7월 1일부터 도량형 표기가 국제기준으로 바뀐다니 만 근이면 6,000kg이고 이것을 톤으로 고치면 윤 SIX TON이라. 좀 더 업그레이드하여 Sex Ton으로 부르면 재미있겠다."

참으로 고맙습니다.

K는 법을 전공한 분이지만 참으로 위트가 넘칩니다. 그러나 한편으로는 K께서 좌판을 벌이면 명리학의 대가 S거사님은 무엇을 하나 걱정됩니다.

다들 아시지만 내 이름은 萬斤이 아니고 晩(늦을 만), 根(뿌리 근)입니다. 근 자 돌림에 일제하 당시 독립운동가였던 이승만(李承晩) 박사의 만(晩) 자를 취해 이름을 지었다고 합니다.

그 후 어느 모임에서 K회장을 만나게 되어 나에게 우정(牛亭)이라는 호(號)가 있으니 우리 나이에 호를 부르는 것이 더 품격이 있지 않겠나 하고 얘기한 적이 있습니다. 마침 K는 석천(石泉), 동석한 H동문은 정촌(靜村)이라고 들었습니다.

호 얘기가 나와서 말씀드리는데 나에게는 오랜 승려생활을 접고 환속한 우봉(雨峰)이란 지인(知人)이 있습니다. 그분이 나에게 우정이란 호를 지어주었습니다. 소처럼 넉넉한 마음으로 살며 지나가는 길손이 고단한 몸을 잠시 편안히 쉬고 가는 곳이라는 의미가 담겨 있다는 말이었습니다.

여기에는 사연이 있습니다. 우봉(雨峰)이 잘 아는 박 사장이란 사람이 우연히 나와 인연이 되었습니다. 그 사람은 IMF 때 사업 실패로 가출을 하였고, 그때 나는 큰아들이 미국 보스턴 대학교에서 박사과정을 밟고 있어 집사람이 미국으로 뒷바라지하러 가게 되어 집에 방이 여유가 있었습니다.

그해 겨울, 박 사장이 난방도 안 들어오는 지인의 오피스텔에 스티로폼을 깔고 군용 침낭으로 취침하는 형편이 하도 딱해 한 열흘 정도 같이 있으면 해결되리라 생각하고 내 집에 같이 있게 되었습니다.

그런데 사정이 좋아지지 않아 1년 반이나 돌봐주게 된 저간의 사정을 우봉(雨峰)이 소상히 알고 있던 터라 어느 날 나에게 우정이란 호를 지어주었습니다. 넉넉한 마음을 갖고 어려운 사람, 이웃사람이 편히 찾고 쉬는 그런 사람이 되라는 뜻으로 지어준 호입니다.

구례 화엄사의 고즈넉한 뜨락에 불교를 설명하는 현판에 심우

(尋牛), 견우(見牛)라고 소를 진리에 비유한 글이 있습니다. 그래서 우정은 진리의 집으로도 의미부여를 할 수 있겠구나 나름대로 생각한 일이 있었습니다.

또한, 어떻게 생각하면 우정은 소외양간으로도 풀 수 있고 예수님은 마구간에서 태어나셨으니 마구간(소외양간)은 그처럼 낮은 곳을 상징하는 뜻도 있겠다는 생각이 듭니다.

낮은 곳 하니까 생각나는 일이 있습니다. 97년 하와이 천주교회에서 김제르비시오 신부님이 강론하시며 "하느님의 은총은 흐르는 물과 같아서 자신이 높아지면 물이 언덕을 비껴가듯이 축복을 받을 수 없지만, 자신을 낮출수록 은총은 폭포처럼 쏟아진다"며 겸손을 강조하신 말씀이 생각납니다.

예수님께서는 참으로 자신을 낮추어 마구간에서 태어나셨습니다. 낮춤의 참뜻을 나의 호 우정(牛亭)에서 찾을 수 있도록 끊임없이 기도하고 노력해서 주위 사람들에게 좋은 이웃과 벗으로 기억되었으면 하는 나의 작지만 큰 바람입니다.

심우행우(心牛行牛)

심우행우는 내가 만든 화두(話頭)이다. 한자로는 우심우행이 정확한 듯하지만 그런 조어가 있는지는 잘 모르겠다. 알다시피 화두란 불가에서 의문스런 말[話] 머리를 잡고 늘어져서 오직 그것만을 의심하는 방법으로 정신일도하여 생각하다 보면 자연히 다른 모든 번뇌와 망상, 여섯 가지 감관으로 쌓은 업이 녹아내려서 활연 대오하는 불가의 수행방법 중 하나이다. 그러나 나는 불가의 선의 경지가 아닌 일상 생활 속에서 2000년 초부터 마음으로 붙잡고 있다. 묵묵한 소의 마음을 닮고 순명하는 소처럼 살고 싶기 때문이다.

나이가 든 뒤 문득 뒤돌아보니 그리 바쁘지도 않았던 것 같은데 인생을 여유 있게 살지 못하고 허둥지둥 살아온 것 같다.

포스코 건설 초창기 허허벌판 모래판에 제철소를 짓느라 모두들 정신없이 뛰어다니며 고달픈 하루하루였을 때 나는 입사하였다. 당시 최신 기법인 퍼트(PERT) 기법으로 언제까지 무엇을 하고 또 연계하고 후속으로 무엇을 하는 사업계획에 맞추어 모든 일이 계획

되고 실행되고 피드백되는 회사 일을 오래 하다 보니 '목표 앞으로'의 삶이었다.

그런 어느 날, 1980년대 캐나다 밴쿠버에서 엑스포(EXPO)를 참관하면서 그들 삶의 한 단면을 보게 되었다. 미국 시애틀에서 캐나다 밴쿠버에 이르는 길에는 많은 사람들이 가족과 함께 이웃과 함께 공원에서 바비큐 파티를 하면서 즐겁게 지내며 또는 조깅하며 자신의 건강을 다지는 등 여유로운 모습이 퍽 경이로웠다.

지금은 한국도 바캉스철 등이 보편화되었지만 그 당시 나는 그들이 한없이 부러웠고 한편, 우리의 처지가 우울하도록 초라해 보였다.

귀로에 하와이에 들러 관광여행 중 푸르고 넓은 골프장에서 전동차를 타며 골프 치는 사람들이 모두 백만장자인 줄 알았다. 그런데 나중에 알고 보니 우리 돈 3만 원 내지 5만 원이면 충분히 할 수 있는 일상 운동이었다.

나는 새 천년을 맞아 바쁜 직장생활에서도 틈틈이 여유 있고 넉넉한 삶을 살기로 결심하였다. 경제적으로 여유가 있다면 더욱 좋겠지만 경제적인 것이 필요충분조건은 아니라고 생각한다. 넉넉한 삶은 자신을 비우는 일상인 동시에 마음의 여유라고 생각한다. 자신과 가족에게 어제보다는 오늘, 더욱 넉넉한 마음으로 대하며 이웃과 친구들에게도 더욱 풍요로운 마음으로 다가설 수 있을 때 내 삶은 더욱 윤택하고 풍요로워질 것이다.

心生行生를 화두로 삼고 일상의 생활 속에서 찬선하며 부족함을 메우려 한다. 그럴수록 소처럼 한 걸음 한 걸음 묵묵히 또한 천천히 이 세상을 걸어가고자 한다. '우공이산'이란 말처럼 어느 날인가는 내 자신이 비워질 것이며 다 비워지지 않더라도 비워가는 삶의 과정이 아름답지 않을까 하고 내 자신을 다잡아본다.

성경에 '마음이 가난한 자에게 복이 있나니'라는 말씀이 '비움'의 의미로 내 삶에 투영되고 침전되었으면 하는 소박한 바람으로, 오늘도 정지용 시인의 얼룩배기 황소처럼 게으른 울음 속에 내 마음의 밭을 갈러 나가는 심우행우의 멍에를 질 것이다.

심우행우 – 공안(公案)

- 남의 허물을 탓하기 전에 자기의 허물을 성찰하자.
- 남의 허물을 정황으로 판단하지 말자. 사실 확인을 해도 늦지 않다.
- 남의 허물보다는 좋은 점을 찾자.
- 살아온 세월보다 살 날이 짧다. 가족, 형제, 이웃에게 좀 더 너그럽게 대하자.
- 모든 허물은 네 탓이 아니라 내 탓이다. 그러므로 침묵 속에서 나의 부족함을 묵상하며 하느님께 자비를 청하자.

역지사지

인생사 복잡하고 어렵고 다툼도 많지만 순리로 사물을 대한다면 그렇게 어려운 것은 아니라는 생각이 든다. 모든 것이 나의 입장에서 나의 경험과 판단으로, 나의 눈높이로 상대방을 재단하기 때문에 많은 어려움이 일어나는 것이라고 생각한다. 그러나 나의 눈이 아닌 상대방의 눈으로 볼 때 그럴 수도 있겠구나 싶은 생각으로 좀 더 겸허해지고 이해 가는 부분이 많아지는 것도 사실이다.

나는 아이들한테 가끔 '역지사지'라는 문구를 인용한다. 상대방의 입장에서 생각하면 보다 넓고 넉넉한 마음으로 사물을 대할 수 있다는 말이다.

신문을 읽다가 어느 CEO의 인터뷰 기사가 눈에 들어왔다. 자신의 좌우명을 소개해 달라는 물음에 "역지사지랄까? 어떤 결정을 내리거나 실행하기 전에 한 번 더 상대방 입장에서 생각해 보면 실수도 줄이고 아무리 나쁜 상황에서도 상대방 마음을 덜 상하게 할 수 있어요"라고 답했다.

그렇다. 상대방을 배려하는 마음, 이것이야말로 이 세상이 좀 더 따뜻하고 살기 좋다고 느끼는 첫걸음이 아닐까 생각해 본다. 파울로 코엘류는『오 자히르』에서 이렇게 말한다.

“지상에서 보낼 당신의 시간을 소중히 여기세요. 신께서 늘 용서하셨다는 것을 기억하고요. 그리고 당신 또한 사람들을 용서하세요.”

내 걸어온 삶 속에서 가족과 이웃 그리고 친구들에게 진심으로 빌고 싶다. 잘못이 있다면 용서해 달라고…. 용서를 청함과 용서받음 속에서 역지사지의 의미를 되새겨본다.

내 삶의 여백에 대하여

사람들은 인생에서 경제에 비교 우선순위를 두고 살아왔고 그것은 삶의 필요충분조건일 것이다.

나 또한 마찬가지의 삶이었지만 무자년 새해부터는 문화, 예술 분야에 대해서 좀 더 관심과 이해를 높여가기로 했다.

그래야만 내 삶의 질을 높이고, 느리게 살고 싶은 내 염원을 실천할 수 있기 때문이다. 가급적 많은 문화, 예술행사, 예를 들면 미술 전시회, 음악회, 연극, 뮤지컬 등 다방면에 적극 참여하고자 한다. '갔노라, 보았노라, 들었노라'의 단순한 참관자가 아닌 관계인으로 진지하게 동참하고 싶다.

미술, 음악 등 모든 예술품에 접하기 전에 먼저 그 작품에 관하여 간단한 공부를 하는 것이 필수이다. 그래야만 무심히 스쳐 지나칠 대목도 눈여겨보고 듣고 재미를 느끼게 되는데, 그것이 곧 예술 상식이고 예술과 가까워지는 방법이라고 생각한다.

미술 부문만 하더라도 화가, 화랑 경영자, 큐레이터, 전시기미셔

너, 비평가, 미술도서 출판인, 미술사가 등 전문분야에서 수많은 사람들이 협업하고 있다. 그러므로 내가 모든 분야에서 전문가일 수도 없고, 전문가가 될 생각도 없다.

다만 품격 높은 예술품에 심취하고 사랑하며 여유롭게 살고 싶다. 관련 전문가들의 의견을 존중하고 참고문헌이나 관계 자료 등을 수집하여 보통 사람의 눈높이로 총괄적으로 정리, 집약하는 작업은 스스로 할 수 있고 또한 즐긴다.

인용, 모방, 학습 등을 포함한 공부는 예술의 이해와 지식을 넓혀가는 데 대단히 필요한 것 같다. 그리하여 내 삶의 여백에 꿈과 희망을 늘 간직하며 느리게 사는 방법을 깨닫게 되는 것이다.

내 삶의 여백에 대한 後記

'내 삶의 여백에 꿈과 희망을 놓는다'고 쓰고 난 얼마 후, 빈센트 반 고흐가 동생 테오한테 보낸 편지 묶음 책 『영혼의 편지』를 읽었다. 고흐가 테오에게 한 말인 '삶의 여백'이 묘하게도 내 가슴에 와 닿는다.

캔버스와 마찬가지로 우리의 삶도 무한하게 이어 있는 여백, 우리를 낙심케 하며 가슴을 찢어놓을 듯 텅 빈 여백을 우리 앞으로 돌려놓는다.

그것도 영원히! 텅 빈 캔버스 위에 아무것도 없는 것처럼 삶이 우리 앞에 제시하는 여백에는 아무것도 나타나지 않는다.

삶이 아무리 공허하고 보잘것없어 보이더라도, 아무리 무의미해 보이더라도, 확신과 힘과 열정을 가진 사람은 진리를 알고 있어서 쉽게 패배하지는 않을 것이다. 그는 난관에 맞서고, 일하고, 앞으로 나아간다. 간단히 말해 그는 저항하면서 앞으로 나아간다.

– 1884년 10월, 빈센트 반 고흐

'삶의 여백'이라? 124년의 시간과 공간을 넘어 반 고흐의 영혼과 교류하는 느낌이 들었다. 그래서 후기(後記)를 쓰며 '나는 나의 꿈을 꿀 것이며, 뚜벅뚜벅 걸어갈 것이며, 넘어지더라도 다시 일어서서 갈 것이며, 반드시 이룰 것이다. 그것은 희망이기 때문이다'라고 적는다.

– 2008년 2월, 윤만근

진에(瞋恚)

불교에 삼독(三毒)이라고 하여 탐(탐욕 : 貪慾, 욕심), 진(진에 : 瞋恚, 성냄), 치(우치: 愚癡, 어리석음)를 경계하는 말이 있다. 그동안 탐과 치는 나름대로 이해하였지만 '진'이 왜 삼독에 들어갔는지 의문을 품었는데 나이 들어 요즘에야 어렴풋이 그 이유를 알 것 같다.

얼마 전 친구들과의 회식 모임에서 누가 '빠삐용' 하고 건배하자면서, 빠지지 말고 삐치지 말고 용서하며 살자는 뜻이라고 주석을 달기에 옳은 말이라고 동의하면서 다 같이 건배한 일이 있었다.

그런데 그중 '삐치지 말고'가 참으로 중요한 것 같다. 나이가 들어가면서 조그만 일에도 잘 참지 못하고 성내는 일이 심심찮게 생기고, 별 자존심 세울 일도 아닌데 열을 내기도 한다. 그래서 한국사람은 사소한 것에 목숨 건다는 말이 생겨났나 보다.

어떤 이유, 어떤 상황에서라도 성냄은 평상심을 잃어버린 상태가 아닐까 생각한다. 평상심을 잃어버리면 사물을 이성적으로 판단하고 순리대로 풀어나가는 것이 아니라 질풍노도처럼 감정에 휩쓸려 의도했던 아니했던 간에 그 결과는 참으로 씁쓰름하고 후회막급인 경우를 자주 본다.

이제부터 참으로 '삐치지 말고'의 일상적인 삶을 살아야지 안 그러면 추한 꼴을 만천하에 보여주는 꼴이 될 것이다.

운전할 때 내가 하면 '차선 바꾸기'고 남이 하면 '얌체같이 끼워들기'라고 손가락질하는데 다 자기 본위로 사고하고 행동하는 탓이리라.

이제 나 자신을 돌아볼 때 '탐'과 '치'는 비록 초급이지만 겨우 걸음마 걷는 수준으로 위안하고 있지만, 그동안 살아온 과정과 매 순간을 살펴보니 '진(성냄)'에 대해서는 나름대로 노력하고 근신하면서 소처럼 반추하며 살아왔다고 생각했는데 아직은 F 학점이다.

참으로 반성하고 반성해도 뉘우침만 크다. 그래도 어쩌겠나. 앞으로는 '진'을 화두 삼아 용맹정진 수행하고 일상 삶에서 참선하면서 겨우 면피나 했으면 좋겠다.

이 나이에 '진'을 화두 삼겠다니 내가 봐도 참으로 한심하다는 생각이 든다. 그러나 어쩌랴. 내 이름에 늦을 만 자가 들어간 것이 다 이유가 있었음을…. 이름 만근(晩根)이 근본(根本)을 늦게[晩] 깨우치는 어리석은 사람(?)임을 이제야 겨우 알겠다.

깨우침의 길은 멀고도 멀어 해는 이미 서산에 기웃거리는데 이 어리석은 나그네는 이제야 근본을 찾아 먼 길 떠나는 행장을 채우네.

나무아미타불 관세음보살

주님 저를 불쌍히 여기소서, 아멘.

깨달음[覺]

법정스님은 이렇게 말씀하셨다.

"깨달음이란 무엇입니까? 어느 날 새벽 별을 보고 갑자기 사람이 달라지는 것이 깨닫는 일이 아닙니다. 순간순간 새롭게 알아차리는 것입니다. 무명(無明)의 구름에서 벗어나 맑은 하늘을 스스로 체험하는 것입니다. 그러기 위해서는 늘 이 물음표를 지녀야 합니다. 나는 어디에서 왔는가? 무엇을 위해 왔는가?"

2010년 10월 어느 날, 미국 버지니아 주 Shenandoah Valley Koa 캠핑장 상수리나무 아래에서 가족들과 함께 캠프파이어를 하면서 타고 있는 장작을 물끄러미 보던 중, '깨달음이란 무엇인가?' 라는 물음이 마음 깊은 곳에서 솟구쳐 올랐다.

오도송(悟道頌)

깨달음이란 무엇인가? 마음을 비우는 것이다. 마음을 어떻게 비우는 것인가? 마음을 비우는 것은 장작나무를 태우는 것과 같다. 마음속의 삼독(욕심, 성냄, 어리석음)이란 딱딱하고 젖은 장작을 불로 태우는 것이다. 삼독이 많은 것은 젖은 장작과도 같다. 타면서 연기가 많고 냄새도 역겹다. 그러나 마른나무는 잘 탄다. 마음도 몸도 똑같다. 평시 자비심과 자비행으로 마른 장작과 같아져야 한다.

불은 무엇인가? 불은 자비심이다. 나무가 타고 나면 재가 되듯이 마음속의 삼독이 타서 재가 남는 것이다. 이것이 마음을 비운 상태이다. 재를 땅에 뿌리면 흙이 되는 것, 세상 만물이 흙에서 왔다 흙으로 돌아가는 것, 땅은 모든 것을 품고 보듬고 안아주며 너그럽다. 이 '앎'이 바로 깨달음이다.

마라톤 그리고 인생

사랑하는 쌍둥이 아들 是中이, 思中아.

동봉하는 책인 이무웅 저 『냅다 뛰었습니다』를 일독하기 바란다. 저자는 아버지의 용산고 13회 동창이다. 그 친구는 2007년 1월 1일 〈조선일보〉와의 인터뷰 '예순넷 뜨거운 질주'에서 이렇게 말했다.

"마라톤은 땀을 흘린 만큼 기록이 나오는 정직한 운동입니다. 회사 경영도 우리 인생도 마찬가지입니다."

그렇다 참으로 가슴에 와 닿는 말이다.

是中아,

네가 대학 3학년 때인가 조선일보 주최 춘천 마라톤에 출전하여 중간에 무릎 부상으로 완주가 불가능했지만 끝까지 포기하지 않고 대회 시상이 다 끝나고 어둑한 운동장으로 혼자 들어왔던, 그 도전 정신, 포기하지 않는 정신이야말로 인생을 살아가는데 값진 자산이 되리라 믿는다.

思中아,

네가 하와이 주립대 다닐 때 하와이 마라톤 대회에 나가서 완주하고 결승 라인에 서서 손들고 찍은 사진을 보내왔을 때 아버지는 기뻐서 눈물이 나더구나.

'마라톤을 뛰는 사람은 정직하다. 그는 그 흘린 땀의 소중함을 아는 사람이기 때문이다. 땀의 소중함을 아는 사람은 인생에서 비록 역경과 시련에 처할지라도 다시 한 번 운동화 끈을 조이고 뛰고 또 뛸 사람이기 때문이다.'

네가 영국 유학 중 그리스에 가서 마라톤의 시발점인 그 '마라톤' 지점에서 아테네까지 뛰었을 때, 거리 표지가 온통 그리스어로 되어 있어 올바른 코스를 잃어버리고 돌고 돌아서 끝까지 포기하지 않고 9시간 0분 48초 만에 완주한 그 끈기 있는 도전정신, 불굴의 정신을 보며 아버지는 너를 믿고 너에게 무한한 신뢰를 보낸다.

是中아, 思中아,

아버지가 젊었을 때 동아마라톤 대회에 나가 끝까지 완주하였다는 이야기를 어려서부터 듣고 자라서 마라톤을 뛰게 되었다는 말을 듣고 아버지는 너희들이 마라톤을 통해서 땀의 소중함과 끈기, 그리고 도전정신을 배우기를 희망해 왔었다. 삶의 정직함과 인내의 가르침이 되었으리라고 굳게 믿는다.

思中아,

네가 서울에 잠시 들렀을 때 만난 개업한 의사 친구가 많은 수입, 넓은 APT, 좋은 자동차, 예쁜 여자 등 세속적인 것들을 화제로 삼아 이야기해서 실망했다고 말했었지.

그리고 너는 아버지에게 "저는 '인류를 위해 봉사하는 연구'를 꼭 하고 싶습니다" 하고 말했었지! 이제 네가 형에 이어 박사학위를 받고 하와이 의대에 다시 합격하여 목표했던 길에 첫걸음을 옮기게 되었으니 너야말로 히포크라테스의 정신을 이어받으렴.

"돈, 명예, 지위 이런 것들은 행복, 평화, 구원, 선행, 기쁨 등의 목적가치를 달성하기 위한 수단에 불과한 것이다"라는 말이 있다.

아버지가 지난 번 너에게 말했지. 의대 가서 '인류를 위해 봉사하는 연구'를 하겠다는 초심을 잃지 말고 한 걸음 한 걸음 마라톤을 뛰는 마음으로 최선을 다해 주기 바란다고. 너의 아름다운 바람과 세상 사람들에게 도움이 되는 연구를 하고 싶다는 네 형 是中이의 소망도 함께 주님께서 들어주시도록 간절히 기도드린다.

주님께서 그대에게 복을 내리시고
그대를 지켜주시리라.
주님께서 그대에게 당신 얼굴을 비추시고
그대에게 은혜를 베푸시리라
주님께서 그대에게 당신 얼굴을 들어 보이시고
그대에게 평화를 베푸시리라.

(민수기 6:24~28)

주례사 I

신 랑 : 정○○

신 부 : 강○○

오늘 정○○ 군과 강○○ 양의 결혼식을 맞이하여 양가 부모님과 일가 친척분들께 축하의 말씀을 드립니다. 또한, 바쁘신 중에도 참석하여 주신 하객 여러분께 감사의 말씀을 올립니다.

신랑 정○○ 군은 저희 회사에서 근무 중인 젊은이로서 평소 성실하고 책임감이 투철한 이 사회의 동량이 될 훌륭한 청년입니다. 신부 강○○ 양은 예의범절이 바르고 좋은 품성의 규수로 들었습니다.

오늘 이 뜻깊은 결혼식에 주례로서 이 세상 살아가면서 도움이 될 말이 무엇인가 고민하다 두 가지를 이야기하고자 합니다. 첫째는 가화만사성입니다. 아시다시피 집안이 화목하고 평안해야 모든 일이 순조롭게 이루어진다는 말입니다.

우리는 흔히 세상만사란 말을 씁니다. 이 세상 살아가면서 여러 가지 좋은 일 어려운 일을 만난다는 것은 다 알고 있습니다. 그러나 그 어렵고 힘든 세상을 슬기롭게 살아가는 방법이 있습니다. 바로 가화 즉, 가정의 평화 가정의 화목입니다. '화목', '화목' 한다고 저절로 화목해지는 것은 아닙니다. 그렇다면 가정이 화목하려면 어떻게 해야겠습니까? 바로 역지사지입니다. 상대방의 입장에서 생각하고 배려하는 마음씨입니다. 남편은 아내를, 아내는 남편을 상대방의 입장에서 생각하고 배려한다면 바로 부부 일심동체가 될 것이며, 가정의 화목은 저절로 이루어질 것입니다.

두 사람은 오늘 부부가 됨으로써 시가와 처가 그 가족 일가친척과 소중한 인연을 맺게 되었습니다. 며느리는 시부모의 입장에서, 사위는 장인·장모의 입장에서 생각하고 행동한다면 가정의 화목은 저절로 이루어질 것입니다.

양가 부모님과 일가친척에게는 당부의 말씀이 있습니다. 이제 두 사람은 오늘 바로 이 순간 부부라는 면허증을 받은 초보운전자입니다. 모든 것이 서툴고 미흡한 것은 당연한 일입니다. 어찌 몇십 년 그야말로 산전수전 겪으며 험한 세상 살아온 어른들과 같겠습니까. 부디 역지사지의 심정으로, 따뜻한 마음으로 격려하고 가르침 주시고 용기 주시길 당부 드립니다.

두 번째 말씀드리고자 하는 것은 '정직한 삶'입니다. 세상 살다 보면 많은 유혹과 어려움이 있습니다. 오죽하면 예수님께서도 기도문을 가르쳐주시며 그중에 '우리를 유혹에 빠지지 말게 하시고 악에서

구하소서'라고 기도하라고 하셨겠습니까. '정직하면 나만 바보되는 세상인데'라고 생각하기 쉽지만, 서울 시내에서 운전자가 요리조리 차선 바꾸고 끼어들면서 운전해 봤자 빨라야 5분이라 합니다. 추석 명절 고속도로에서 양심 버리고 갓길 운전해 봐야 얼마나 더 빨리 가겠습니까. 이 세상 살면서 요령 피우고 잔머리 굴리는 사람이 순간에는 남보다 앞서고 잘 사는 것 같지만 나중에 크게 이룬 사람 보지 못했습니다. 그런 사람은 인생의 중요한 시점에서 빨간불이 켜집니다. 사필귀정이란 말처럼 대가를 치르게 되어 있습니다.

정직한 사람은 마음이 깨끗한 사람입니다. 또한 큰 용기의 소유자입니다. 그는 깨끗하고 성실한 삶을 살므로 주위의 존경과 신망을 받아 대기만성처럼 이 사회의 큰 그릇이 될 것입니다.

예수님께서 참된 행복에 대해 이렇게 말씀하십니다. "마음이 깨끗한 사람은 행복하다. 그들은 하느님을 뵙게 될 것이다." 거듭 말하지만 자기 자신에게 정직하십시오.

이제 두 사람은 '가화만사성'과 '정직한 삶'을 깊이 명심하시고 행복한 삶을 이루길 빕니다. 진심으로 두 사람 앞길을 축복합니다.

감사합니다.

– 2007년 5월 6일/주례 : 윤만근

주례사 II

신 랑 : 바○○ 군

신 부 : 강○○ 양

(인사말 및 신랑 신부 소개 생략)

오늘 이 뜻깊은 결혼식에 주례로서 이 세상 살아가면서 도움이 될 말이 무엇인가 고민하다 떠오르는 말씀이 있었습니다.

바로 김수환 추기경님께서 남기신 말씀인 "고맙습니다. 서로 사랑하세요" 입니다.

그렇습니다. 서로 사랑하십시오. 남편은 아내를, 아내는 남편을 기쁠 때나 슬플 때나 좋을 때나 어려울 때나 변함없이 사랑하십시오. 또한, 상대방의 입장에서 생각하고 배려하는 마음씨를 가지고 사랑하십시오. 그러면 부부는 일심동체가 될 것이며, 가정의 화목은 저절로 이루어집니다.

성서에서 "사랑은 너그럽습니다. 사랑은 친절합니다. 사랑은 모든 것을 덮어주고, 모든 것을 믿으며, 모든 것을 바라고, 모든 것을 견뎌냅니다"라고 말씀하십니다.

다음은 감사하는 삶을 사시기 바랍니다.

남편은 아내에게 아내는 남편에게 감사하는 마음을 갖고 서로 사랑한다면 가정은 더욱 평화롭고 축복받을 것입니다. 감사하는 마음은 겸손한 마음이기도 합니다.

"고맙습니다"라는 말 한 마디가 자신과 상대방과 이웃에게 평화를 가져다줍니다. 하느님의 축복은 흐르는 물과 같아 자신이 높아지면 물이 언덕을 비껴가듯이 축복받을 수 없지만, 자신을 낮출수록 은총은 폭포처럼 쏟아집니다

신랑, 신부가 이처럼 서로 사랑하며 감사하는 삶을 살 때 두 사람이 지향하는 '하나의 나에서 이제 많은 것을 함께 나누고 감사하며 보듬어주고 사랑해야 할 우리가 되려 합니다'가 진정으로 이루어질 것입니다.

끝으로 참을 '인'을 마음에 새기기 바랍니다. 가정에서나 사회에서나 필요한 말입니다.

무소유의 법정스님께서 이런 법문을 남기셨습니다.

"아무리 화가 났을 때라도 말을 함부로 쏟아버리지 마라. 말은 업이 되고 씨가 되어 그와 같은 결과를 가져온다. 결코 막말을 하지 마라. 둘 사이에 금이 간다. 누가 부부싸움을 칼로 물 베기라고 했는가. 명심하라. 참는 것이 곧 덕이라는 옛말을 잊지 마라."

그렇습니다. 우리 모두 나누고 용서하며 비움과 내려놓음의 삶을 살아야겠습니다.

이제 두 사람은 서로 존경 속에서 사랑하며, 화목한 가정 이루어 행복하게 사시길 당부 드리면서 성인 프란치스코의 '평화의 기도' 중 이 구절을 선물로 드립니다.

위로받기보다는 위로하고, 이해받기보다는 이해하며,

사랑받기보다는 사랑하게 하여 주소서.

하느님의 축복이 신랑, 신부와 가족, 친지 그리고 하객 여러분의 가정에 항상 같이 하시길 기도드립니다.

신랑신부, 하객 여러분 사랑합니다. 고맙습니다.

– 2010년 11월 28일/주례 : 윤만근

반 고흐(Van Gogh)의 월계관

'불멸의 화가 반 고흐 전' 포스터를 보며 갑자기 불멸의 이순신이 생각났던 건 이질적으로 보이는 화가와 장군 앞에 공통적으로 붙은 불멸이라는 단어가 주는 묘한 이미지의 공동화 때문이었다. 불멸은 자신의 삶 속에 닥친 고통과 좌절 속에서도 굴하지 않고 굳은 신념을 갖고 치열하게 자기 생을 살았던 인간에게 헌정하는 월계관이란 느낌이었다.

반 고흐의 작품은 뉴욕의 메트로폴리탄 미술관, 파리의 루브르 미술관, 스페인 마드리드의 프라도 미술관, 보스턴의 보스턴 미술관(파리의 루브르, 상트페테르부르크의 에르미타슈, 뉴욕의 메트로폴리탄과 함께 세계 4대 미술관의 하나) 등에서 일부를 관람할 수 있었다.

그러나 '불멸의 화가 반 고흐 전'이란 타이틀로 2007년 11월 24일부터 2008년 3월 16일까지 서울시립미술관에서 열리는 전시회는 전 세계 반 고흐 작품의 절반 이상을 소장하고 있는 네덜란드 암

스테르담 반 고흐 미술관과 오텔로의 크륄러 밀러 미술관에서 엄선한 유화작품 45점, 드로잉 및 판화 22점 등 총 67점을 모은 것으로 반 고흐의 초기 네덜란드 시기부터 마지막 오베르 쉬르 우아즈 시기까지 시기별로 그의 예술혼을 가깝게 접할 수 있는 흔치 않은 좋은 기회였다.

37세의 젊은 나이에 권총으로 스스로 삶을 마감한 반 고흐에 대한 어두운 인상은 그의 출생과도 무관하지 않은 것 같다.

반 고흐는 1853년 3월 30일, 네덜란드의 준데르트(Zundert)에서 운명적으로 태어났다. 운명적이라 함은 그가 태어난 날이 그의 형이 죽은 날이었으며, 그는 죽은 형의 이름을 그대로 물려받았고 그는 어머니에게서 사랑보다 슬픔을 먼저 배웠다.

그 자신 어린 시절을 '어둡고 추운 불모의 시기'라고 표현할 정도로 고흐의 정신적인 불안정 상태는 이처럼 '대체된 아이'로서 태생적 한계에 따른 필연적인 것이었다. 1880년 27세 때 비로소 화가가 되기로 결심하고, 그로부터 10년 후인 1890년 7월 29일 파리 북쪽에서 35km 정도 떨어진 오베르 쉬르 우아즈에서 생애 마지막 작품으로 알려진 '까마귀가 나는 밀밭'을 남기고 자살로 비운의 삶을 마감했다.

그야말로 10년 동안 900여 점의 회화 속에 자신의 인생을 송두리째 불태우고 37세의 나이로 불꽃 같은 삶을 전설과 신화 속으로 던져버린 것이다.

그는 '사람들의 눈에 나는 무엇이냐? 없는 사람이거나 특이하고 함께 살 수 없는 사람이다. 삶의 목표도 없고 이룰 수도 없는 사람, 한 마디로 형편없는 사람이지. 좋다, 그것이 사실이라 할지라도 나는 그 특이하고 아무것도 아닌 사람의 정신 속에 무엇이 들어 있는지 내 작품을 통해 보여주겠다'(1882년 7월 21일)고 다짐한 것처럼, 이번 서울시립미술관에서 전시될 그의 주요 작품은 다음과 같다.

• 네덜란드 시기(1981~1985) : 헤이그에서 초기 입문과정 중 드로잉에 주력하던 시기에 그려진 대표적인 작품 '슬픔'

• 파리 시기(1886~1888) : 당시 파리 화단을 휩쓸고 있던 인상파 화풍의 영향을 받은 '아니에르의 센느 강변길', 일본 판화의 영향을 받은 '압생트가 담긴 잔과 물병'

• 아를 시기(1888~1889) : "내 눈앞에 보이는 것을 정확히 표현하기보다는 내가 원하는 것을 내 방식대로 강렬하게 표현하기 위해 나는 색채에 심취되었다"는 고흐 자신의 말처럼, '우체부 조셉 룰랭', '까미유 룰랭' 등 아를에서 그린 대표적인 인물화.

남프랑스의 뜨거운 햇빛과 반 고흐의 상상력이 만들어낸 색채 표현의 절정을 이룬 작품 '씨 뿌리는 사람', '해바라기'

• 생레미 시기(1889~1890) : 자연의 빛과 형태를 자신만의 독특한 표현 양식으로 발전시킴으로써 회화를 통한 구원의 길로 접어든

시기이다. 그의 그림을 특징짓는 강력하고 불타는 듯한 붓놀림의 작품들이 두드러진 생레미 시기의 최고의 걸작 '아이리스', '프로방스의 시골길 야경', 힘든 병마와 사투를 벌이면서 종교적 귀의를 암시하는 두 개의 걸작 '착한 사마리아인', '피에타'

• 오베르 시기(1890) : 오베르의 농가와 들판이 주는 봄기운을 굵은 곡선이 윤곽을 이루는 독특한 필치로 정감있게 표현한 작품들이 이 시기의 특징이다. 또한, 소재의 표현에 있어서 보다 세밀한 묘사를 보여주는 작품 '밀이삭', 경매 사상 최고가를 기록한 '의사 가쉐의 초상', 그의 생애 마지막 작품으로 알려져 있는 '까마귀가 나는 밀밭' 등이다.

반 고흐 연구가의 말처럼, '반 고흐의 삶과 예술은 분리될 수 없다. 왜냐하면 그의 작품은 삶의 모든 경험으로부터 탄생하였으며 혹독한 시련과 고통을 그 속에 쏟아부었기 때문이다. 고통의 산물이자 증거로서 그의 회화는 단순한 일상의 표현이나 탈출을 넘어서 마치 십자가를 지고 가듯 현실의 무거운 짐을 짊어진 채 스스로의 운명을 개척해 나간 고행의 산물'이었다. 또한, 그의 임종을 지켜본 의사 가쉐는 '반 고흐는 정직한 사람이었고 위대한 화가였다. 그는 인도주의와 예술이라는 두 가지 목표만 가지고 있었고 그를 살아갈 수 있게 한 것은 바로 그림이었다'고 고백하고 있다.

반 고흐 전시회를 보고 나서 반 고흐가 1888년 6월 23일 베르나

르에게 보낸 편지에서 '예수 그리스도…. 아, 두려움 없는 예술가는 조각을 하지도, 그림을 그리지도, 글을 쓰지도 않았네. 단지 자신의 말을 통해 살아 있는 사람을 불멸의 존재로 만들었지'라고 쓴 글이 생각났다.

불우한 환경 속에서도 그림에 대한 열정과 인간에 대한 따스함을 간직한 채 불꽃처럼 살다간 그에게 불멸이라는 월계관을 진심으로 씌어주고 싶다.

'불멸의 화가 빈센트 반 고흐' 선생.

봉래의(鳳來儀)

무자년 설날을 맞이하여 국립국악원이 정기 공연 '한 해를 여는 천지인의 예악'을 보러 2008년 2월 7일 십사람과 함께 국립국악원 예악당을 찾았다.

1부 '새해맞이 비나리'로 공연이 시작되었다. '행복의 빎'이란 뜻을 가진 '비나리'는 순수한 우리말로 기원, 바람, 소원 등이 이루어지도록 하늘에 비는 것을 뜻한다.

소리와 꽹과리, 징 짝쇠, 장구, 북의 네 명이 한데 어울려 한 해의 무사함을 빌어온 우리의 옛 모습을 무대 위에서 신명 나게 재현하며 설의 의미를 되새기게 한다. 이어 단가와 민요공연 뒤에 2부 '봉래의'가 국립국악원 예술단 단원들의 연주와 춤으로 흥을 돋웠다.

'봉래의'는 태평성대에 출현한다는 전설 속의 봉황이 날아오는 것을 기뻐하는 작품으로, 창제 당시의 악보가 모두 '세종실록'에 수록되어 있으며, '악학궤범'(1493)에는 춤의 절차와 내용이 상세히 기록되어 있다.

또한, 봉래의의 노래는 시가(詩歌) '용비어천가'로서 조선왕조의 대표적인 궁중 공연 작품이다.

50여 명의 국립국악원 정악원의 장중하면서도 청아한 음률에 맞추어 40여 명의 국립국악원 무용단의 노래와 춤은 조선왕조 시절, 위로는 임금으로부터 아래는 민초까지 태평성대에 대한 간절한 여망을 현대의 우리도 깊이 느끼고 공감하는 데 부족함이 없었다.

예나 지금이나 민초들이야 등 따숩고 배 부르면 좋은 것을….

우리나라 위정자들이 이러한 서민들의 소박한 바람이 이루어지도록 사심 없이 국태민안을 위한 경제발전에 전력투구하는 모습을 보였으면 하는 염원으로 '봉래의'의 참뜻을 새겨 보았다.

칸딘스키(Kandinsky)의 블루 크레스트

무자년 설날, 예술의 전당에 있는 국립국악원의 절기 공연 '한 해를 여는 천지인의 예악'을 보러 가면서 '칸딘스키와 러시아 거장 전(Kandinsky and Russian Masterpieces)'이 전시되고 있는 한가람 미술관에 들렀다.

이번 전시는 러시아 미술을 대표하는 국립기관인 러시아 미술관(The State Russian Museum)과 트레치야코프 미술관(The State Tretyakov Gallery)에서 엄선된 91점의 유화들이 전시되었다.

전시 대표작인 I.E 레핀의 '아무도 기다리지 않았다(No one wated for her)', 칸딘스키의 명작 '블루 크레스트(Blue crest)', 말레비치의 '절대주의(Suprematism)' 등, 19세기 러시아의 현실에 대한 자각과 혁명의 열정으로 가득 찬 격동의 시기를 화폭에 고스란히 담아낸 리얼리즘 회화로부터 현대 추상미술을 선도한 20세기 아방가르드까지 러시아 격동의 역사 속에 핀 불멸의 예술혼이 그곳에서 우리의 영혼을 부르고 있었다.

20세기 러시아 추상예술의 정점이라 불리는 칸딘스키(Wassily Kandinsky)는 1886년 모스크바에서 출생하였다. 1893년 모스크바 대학교 법학·정치·경제학부를 졸업하고, 1895년 예술에 헌신할 결심을 하고 뮌헨으로 가 안톤 아즈베 학교에서 공부하였다. 1913년 모스크바로 돌아와서 미술문화관장으로 일하며 러시아 전역에 22개의 미술관을 설립하는 데 이바지했다. 1898년부터 전시회에 출품을 시작해 암스테르담, 뉴욕 등의 국제전에 참가하였고, 1944년 파리 근교 뇌이쉬르센에서 숨을 거두었다.

그의 대표작 '블루 크레스트'(1917)의 '크레스트'는 닭의 볏, 파도의 머리 부분, 산마루 등의 뜻을 동시에 갖는 단어이다.

닭은 불과 혁명을 상징하는 동물로서 1917년의 러시아 혁명의 거대한 파고는 칸딘스키에게 더 복합적인 '크레스트'의 이미지를 창조하게 하였다.

블라디미르 크루글로프는 "블루 크레스트는 칸딘스키 추상화 고유의 우주적 분위기와 출생과 죽음의 신비로운 비밀에 관한 이끌림, 더불어 1917년 혁명기의 러시아적 현실에서 받은 영감이 한 데 어우러진 작품이다. 작품이 내재한 음악성과 산산이 흩어진 색채에 의해 강화되고 고양된 정서는 폭풍과도 같은 에너지로 충만한 상태를 느낄 수 있게 한다"고 하였다.

'블루 크레스트' 화면은 혁명과 전쟁의 파도가 곧 삼켜버릴 것처럼 보이는 산마루 위의 작은 집과 약하게 빛나는 태양은 조만간 닥칠 불행과 재난을 예고하는 듯 보인다.

이처럼 불안하면서도 폭발적인 열기와 에너지로 충만한 세계는 관람하는 사람으로 하여금 화가의 영혼 그리고 그의 감정상태를 자연스럽게 받아들이도록 하고 있다.

이번 러시아 작품들 특히 러시아 혁명 속의 칸딘스키의 '블루 크레스트'를 보면서 대한민국의 화가들에게도 해방과 한국동란, 4·19 혁명, 5·18민주화운동 등 역동적인 사건들로 점철된 현대사를 뚫고 포용하며 대표할 수 있는 그래서 세계미술사에 커다란 획을 그을 수 있는 기념비적인 미술작품들을 기대해 본다.

우리도 할 수 있다. 'Koreans can Do It.'

– 서울 송파구 에이원 갤러리(里)

리장(里長) 윤만근

마에스트로 박태준

1970년 4월 1일 오후, 세찬 바닷바람이 휘몰아치는 영일만 허허벌판 포항제철소 착공식에서 지반을 다지는 파일항타의 굉음이 지축을 흔들었다. 대한민국이 좌절과 체념 그리고 절망과 안일의 굴절된 역사를 단절하고 철강입국의 희망찬 큰 꿈이 용틀임하는 우렁찬 팡파르였다.

박태준 사장이 대통령과 착공식에 참석한 모든 사람 앞에서 다짐했다.

"종합제철 건설은 바로 우리가 비축했던 민족 역량의 결정일 뿐 아니라 강력한 국민 의지의 발현입니다."

'철강입국' 사반세기에 걸친 그 길은 분명 영광의 길이기도 하지만 한편으로는 가시밭길이었다.

국민 소득이 100달러에도 못 미치는 가장 가난한 나라 중의 하나였던 대한민국이 1965년 6월 한일협정 체결로 받은 대일청구권 자금인 총 5억 불(무상 3억 불, 유상 2억 불) 중 포항제철소 1기 건설에 소요되는 유상 4,290만 불, 무상 3,080만 불, 수출입 은행 사업 차관 5,000만 불 합계 1억 2,370만 불은 바로 우리 조상의 피 값이었다.

포항제철소 건설은 실패할 수도 없는 반드시 목숨 걸고 성공해야 하는 절체절명의 한민족의 숙원사업이었다. 가시밭길이었던 그 고난의 행군 첫걸음을 내딛는 순간 선두에서 지휘봉을 굳게 잡은 '광야의 외침'이 있었다.

"제철보국. 이제부터 이 말은 우리의 확고한 생활신조요, 인생철학이 되어야 합니다. 내가 앞장설 것입니다. 나를 믿고 따르십시오. 우리 모두 대한민국의 영광을 위하여 앞으로."

안전모와 황색 유니폼에 작업화를 신은 전 직원이 한마음 한뜻이 되어 마에스트로 박태준 사장의 지휘봉에 따라 힘차게 합창하기 시작했다.

끓어라 용광로여 조국 근대화…. 세찬 모래바람도 아랑곳하지 않고 그들의 목소리는 우렁찼으며 그들의 눈은 빛났으며 그들의 가슴은 뜨거웠다.

삼성그룹 이병철 회장이 생전에 박태준 사장에게 물었다. 당신의 신앙이 무엇이냐고. 서슴없이 '철'이라고 대답한 것처럼 그는 이렇게 말했다.

"철은 산업의 쌀입니다. 양질의 철을 값싸게 대량으로 생산해 국부를 증대시키고 국민생활을 윤택하게 하며 복지사회 건설에 이바지하는 것이 곧 제철보국입니다."

마에스트로 박태준 사장은 황량한 모래벌판에서 홀로 고독히 포효하는 호랑이였고, '사람은 미치광이라는 말을 들을 정도가 아니면 아무것도 이룰 수 없다'며 전 직원에게 오로지 '제철보국'이라는 주문을 끊임없이 외게 하며 조국 근대화에 미친 일꾼으로 인도해 나갔다.

그는 신흥 '제철보국교'의 신성불가침한 창시자였고 우리는 그를 마음으로 믿고 따르는 열정과 사명감으로 충만한 나라 사랑하는 신도로 변해갔다.

그는 재임 25년(1968~1992) 동안 자원과 기술과 경험 그리고 자본이 전무한 척박한 황무지에서 연간 조강능력 2,100만 톤의 종합제철소를 건설함으로써 대한민국이 무역 1조 달러 시대를 여는 주춧돌을 놓았다. 철이 있었기에 자동차와 조선과 기계산업을 주축으로 한 중화학 공업시대가 열렸으며 그 기반 위에 오늘의 IT 산업도 꽃을 피우게 된 것이다.

민족서사시 '제철보국' 합창곡을 지휘하던 마에스트로의 지휘봉이 2011년 12월 13일 멈췄다. 민족의 큰 별이 떨어진 것이다.

우리의 영원한 마에스트로 박태준 포스코 명예회장님, 당신과 함께 나의 청춘을 바쳤던 그 고난의 길들이 이제 우리 조국과 후손들에게 영광의 길이 되었습니다.

나는 믿습니다. 나의 조국 대한민국에서, 포스코 현장에서 제철보국의 합창곡은 끊임없이 연주되리라는 것을!

그리고 오늘도 내일도 당신과 함께 '쇳물은 흐른다'는 것을!

사랑하는 회장님, 존경하는 회장님.

아아, 임은 가셨지만

나는 임을 보내지 아니하였습니다.

포스코, 40년 만에 세계 1위 철강기업으로

포스텍도 세계적 대학으로 키워

고(故) 박태준 포스코 명예회장의 '제철보국(製鐵報國)'과 교육보국(教育報國)' 이상은 거대한 나무로 자라났다.

포스코는 세계 최강의 철강기업으로 성장했다. 글로벌 철강 분석기관 'WSD'는 올해 세계 34개 철강사를 대상으로 기술력, 수익성, 원가절감 등 23개 항목을 평가, 포스코를 세계 1위의 철강기업으로 선정했다. 포스코는 시가총액도 최근 아르셀로미탈을 제치고 세계 1위 철강기업으로 올라섰다.

박 명예회장의 또 다른 역작은 대학과 연구소. 1977년 포스코에 기술연구소를 세웠고 1968년 포항공대(현 포스텍), 1987년 포항산업과학연구원(RIST)을 설립해 포스코－포스텍－RIST로 이어지는 산학연계 연구개발 체재를 국내 최초로 구축했다.

포스텍은 영국「더 타임스」등이 공동으로 실시한 세계 대학 평가에서 국내 대학 최초로 30위권 이내인 28위를 차지했다. 포스텍은 지난 2일 교내 노벨동산에 박 명예회장의 조각상을 세웠다.

박태준 어록

"이 돈은 우리 조상님들의 피 값이다. 공사에 성공하지 못하면 우리 모두 다 '우향우'해서 저 영일만 앞 바다에 빠져 죽자."

(1966년 대일청구권 자금으로 포항제철 건설에 나서면서)

"신뢰를 얻으면 무엇이든지 얻을 수 있다."

"나는 많은 시간을 사람 문제에 골몰한다. 기업은 사람이 하는 것이고, 사람만이 창의력을 발휘할 수 있다."

"무엇인가를 이루려면 10년은 걸린다. 몇 날 밤이고 진지하게 10년 후의 청사진을 그려보라. 인생은 집을 짓는 것과 같아서 청사진이 나와야 주춧돌을 놓을 수 있다."

"이 땅에서 태어난 것 자체가 큰 인연이다. 나에게 일관제철소 만드는 일을 줬을 때 나는 회피할 수 없는 사명감을 느꼈으며 경건한 마음으로 사업을 시작했다."

"짧은 인생을 영원 조국에. 절대적 절망은 없다." (좌우명)

Freedom is not Free

신임 국방장관이 취임 첫 일정으로 2함대 사령부 내 제2연평해전 전적비를 참배하였다는 기사를 보았다.

제2연평해전은 아는 바와 같이 2002년 6월 29일, 서해 연평도 인근 해상에서 북방 한계선(NLL)을 침범한 북한 함정이 우리 해군 고속정을 기습 공격하여 당시 윤영하 소령 등 우리 장병 6명이 장렬히 전사하고 참수리 357정이 침몰한 우리가 결코 잊어서는 안 될 사건이다.

신문보도를 보고 있노라니 작년 미국 워싱턴 방문 중 감명받았던 일이 생각난다. 워싱턴을 간 김에 여러 곳 둘러보았는데 가장 인상 깊었던 곳이 링컨 기념관 앞에 있는 한국전쟁 참전군인 위령비(Korean War Veterans Memorial)였다.

링컨 기념관(Lincoln Memorial)은 연 300만 명 이상이 방문하는 관광명소인데, 링컨 기념관을 찾는 대다수의 사람들이 한국전쟁 참전군인 위령비도 방문한다.

이곳에는 실물 크기로 19명의 육·해·공군 군인들이 판초를 입고 총을 들고 행군하는 모습이 청동상으로 제작되어 있다. 그리고 2,500여 명의 참전군인들의 얼굴을 부조한 49m 길이의 검은색 화강암 위령비가 있어 방문자들은 이곳에서 경건하게 묵념한다.

특히 이 비에는 은색 글씨로 'FREEDOM IS NOT FREE'라는 문구와 함께 '… TO DEFEND A COUNTRY THEY NEVER KNEW AND A PEOPLE THEY NEVER MET(미합중국은 전혀 알지 못했던 나라와 전혀 만나지 않았던 사람들을 지키기 위하여 국가의 부름을 받고 참전한 자랑스러운 우리의 아들, 딸들에게 경의를 표한다)'라고 쓰여 있다.

우리 대한민국을 위해 54,246명의 미국 젊은이가 목숨을 바쳤으며 행방불명 8,177명, 부상자 103,284명이 고귀한 희생을 감수하였다.

위령비에 다음과 같이 기록되어 있다.

DEAD	USA 54,246	UN 628,833
MISSING	USA 8,177	UN 470,267
WOUNDED	USA 103,284	UN 1,064,453

이 숫자들 앞에서 우리 부부는 하느님께 그들의 영혼을 보듬어주실 것을 깊이 기도드렸다.

1950년 6월 25일, 북한의 남침으로 발발한 한국동란은 1953년 7

월 27일 휴전협정까지 3년 1개월 동안의 전란으로 국토는 초토화 되었고, 남북한 민간인 포함 약 450여만 명이 피해를 입었다.

오늘날 우리 자랑스러운 대한민국이 세계 12위의 경제대국으로 우뚝설 수 있는 것은 우리 부모님 세대를 포함한 모든 국민들이 허리띠를 졸라매고 열심히 일한 결과이지만, 국군 장병과 미군을 포함한 참전 16개국 UN군의 숭고한 희생으로 우리 조국 대한민국을 공산군의 마수로부터 지켜냄으로써 가능했다는 점을 잠시도 잊어서는 안 된다. 그리고 우리는 그분들의 희생과 봉사를 더욱 값지게 해야 할 책무가 있음을 가슴 깊이 새기고 행동해야 한다.

아울러 우리나라도 자유를 지키기 위해 참전한 월남전과 UN 평화유지군의 활동을 기리어 기념비와 기념공원을 건립하여 후대에 인간의 자유를 위한 우리의 희생이 결코 헛되지 않았음을 보여주었으면 하는 바람을 갖고 다시 한 번 위령비 앞에서 묵념을 올렸다.

'민주주의와 자유를 신봉하는 모든 사람에게 평화.'

하느님, Thank you so much

작년 12월, 미국 워싱턴에 살고 있는 큰아들 집에 갔다 귀국길에 일본 나리타 공항에서 환승할 서울행 NW7편이 계속 지연되어 책이나 읽자고 꺼낸 것이 서강대 장영희 교수의『내 생애 단 한번』이었다.

책장을 펴니 첫 에세이 제목이 '하필이면' 이었다. 그래서 나도 오늘 나에게 일어난 '하필이면'을 생각해 보았다.

귀국항공편 결항

비행기값 절감하려고 귀국항공편을 KAL 직항편 대신 NW(워싱턴－디트로이트－일본 나리타－서울·인천)를 선택했다. 오늘 아침 예약된 워싱턴의 덜레스 공항으로 큰아들 차를 타고 가니 '하필이면' 디트로이트행이 결항되어 인근 리건 공항으로 가면 디트로이트행이 있다 하여 부랴부랴 리건 공항으로 가서 (다행히) 디트로이트행 비행기를 탑승하게 되었다.

좌석 변경

디트로이트 공항에서 일본 나리타 공항까지의 항공기 좌석이 예약 시에 이미 자리가 꽉 차 '하필이면' 우리 부부는 다른 좌석에 각각 떨어져 앉게 되었다.

디트로이트 공항에서 NW 직원에게 부부가 같이 앉아갈 수 있도록 부탁하니 (다행히) 같이 갈 수 있도록 자리를 재배정해 주어 같이 앉아올 수 있었다.

일본에서 양주 압수

미국 디트로이트 공항 면세점에서 양주를 사서 일본 나리타 공항에서 환승 절차를 하던 중, 이민국 직원이 술은 기내 반입이 안 된다며 '하필이면' 양주를 압수하였다. 이의를 제기하였지만 6개월 전부터 제도를 변경 시행하고 있기 때문에 안 된다고 한다.

환승시간은 짧고 부득이 그대로 NW 카운터에 오니 사정으로 서울행 비행기가 30여 분 정도 출발 지연되는 바람에 NW 직원에게 양주 압수 사건에 대해 불만을 토로하였다. 한국에 가면 정식으로 이의을 제기하겠다 하니 그곳에 같이 가보자고 한다.

NW 직원이 가면서 나리타 공항에는 환승 절차를 하는 곳이 세 곳인네 어느 곳이냐고 물었다. 확실하지는 않지만 그런대로 기억을 더듬어 가보니 제대로 (다행히) 그곳을 찾았다.

NW 직원이 이민국 직원과 일본어로 이야기하더니 양주를 찾아 화물로 탁송해 주어 인천공항에서 (다행히) 양주를 찾아 월요포럼

송년과 신년모임에 갖고 가서 친구들과 한잔 나누었다.

금식

서울행 NW 비행기의 늦은 출발로 초콜릿, 와인, 음료수 등 서비스가 좋았다. 저녁식사로 일본식 초밥도 좋았는데 '하필이면' 도착하는 날 아침 9시에 병원에 채혈이 예약되어 있어 시원한 맥주 한잔 생각이 간절했지만 참았다. 금주, 금식한 후 병원에 가서 채혈하고, (다행히) 담당의사와 면담도 잘되었다.

나의 배움

이처럼 오늘 하루에도 '하필이면'이 다반사인데 우리 인생사에서 얼마나 많은 (하필이면) 일들이 자신과 자기 주위에 일어나 얼마나 마음 쓰이게 하는가. 그렇다고 부정적이고 운명적으로 생각하기보다 역으로 긍정적으로 생각하고 노력한다면 (다행히) 모든 일들이 순조로워지리라 생각하였다.

비행기 좌석의 'Lifevest under your seat.'을 'Life over your mind.'로 하면 어떨는지….

참고로 장영희 교수의 '하필이면' 에세이의 일부 내용을 옮겨보았다.

"장 교수가 초등학교 2학년인 조카에게 귀여운 팬더곰 인형을 하나 사서 선물하였더니 환한 미소를 지으면서 '그런데 이모 이걸 왜 하필이면 내게 주는데?' 하는 것이었다. 다른 형제나 사촌들도 많은데 뜻밖의 선물을 받았다는 조카의 고마움의 표시였다. 외국에서 살다 와 우리말이 아직 서투른 조카가 '하필이면'을 부적합하게 쓴 예였지만 조카처럼 '하필이면'을 좋은 상황에 갖다 붙이자 모든 것이 긍정적으로 변하여 내가 누리는 많은 행복이 참으로 가당찮고 놀라운 것으로 변하는 것이었다.

도대체 내가 전생에 무슨 좋은 일을 했기에 하고 많은 사람들 중에 '하필이면' 내가 훌륭한 부모님 밑에 태어나 좋은 형제들과 인연 맺고 이 아름다운 세상을 살고 있는가.

'하필이면'의 이중적 의미를 생각하니 내가 가지고 가는 인생의 짐이 남의 짐보다 무겁다고 아우성쳤던 좁은 소견이 새삼 부끄럽다."

그렇다. 장 교수의 말대로 도대체 내가 전생에 무슨 좋은 일을 했기에 서울 재동초등학교를 졸업하고 많은 학교 중에 '하필이면' 용산중학교와 국립교통학교에 들어가 좋은 동문들과 인연 맺고 이 아름다운 세상을 살고 있는가! 정말 마음속으로 이렇게 말하고 싶다.

감사합니다, 하느님.

I'm very happy! Thank you so much!

금연

어쩌다 담배 피우는 것이 무슨 큰 잘못이나 되는 양 여기저기 금연지역을 만들어놓고 불편을 주는 사회 분위기라 주눅이 들 판이다. 이제 와서 금연이란 말을 꺼내자 흡연하는 친구들에게 눈총받게 되었다.

그러나 친구들 모임에 가보면 안 피우는 친구가 가뭄에 콩나듯 하는 실정인데, 며칠 전 월요포럼에 나가니 석천(石泉) K회장이 지금 금연실시 중이란다. 참으로 훌륭한 결심이라 좋은 결과를 기대해 본다.

나에게도 담배를 많이 피우던 시절이 있었다. 군에 가서도 담배는 나와 상관이 없었는데 30대 초반에 포항제철 축구단을 담당하는 바람에 선수들 용으로 담배를 갖고 다니게 되었다.

선수들은 선수단 숙소에서 아예 시합용 차림으로 버스 타고 운동장에 오는 바람에 담배 피우는 선수들이 시합 후 "형, 담배 한 대" 하며 부탁하는 바람에 어쩔 수 없이 두어 갑 준비한 것이 시합에 이

기면 이긴 대로 지면 진 대로 같이 피우게 되었다.

이제 친구들도 나이가 들었고 좌석에서 금연 이야기가 나오면 이제 살만치 살았는데 하며 짐짓 여유(?) 부리는데 내 이웃 이야기를 참고하였으면 좋겠다.

이웃에 교장으로 은퇴하신 분이 아들, 딸 출가시키고 부부가 아주 다정히 살던 분이 계셨는데, 그분은 젊었을 때부터 담배를 많이 피웠답니다. 그 할아버지가 병이 들어 할머니 혼자 간호하시다 힘에 겨워 할아버지를 요양원에 입원시키고 따로 살게 되었다. 사람이 늙으면 병들게 마련인데 건강에 나쁘다는 담배는 될 수 있는 한 빨리 끊어야 해로할 수 있지 않겠는가!

또, 헬스클럽에서 만난 어떤 노익장께서 이런 말씀을 하였다. 그분은 매일 헬스클럽에 나와서 건강을 다진다고 하였다. 늙고 병들면 긴 병에 효자 없다는데 내가 아파 누우면 자식을 불효자로 만드니 열심히 운동해서 건강히 살다 가는 것이 자녀 위하는 길이라는 말씀이 참으로 마음에 와 닿는다.

금연의 어려움은 다들 익히 알고 있지만 아래 〈연합뉴스〉의 기사를 참고하여 더욱 의지를 굳건히 해야겠다.

'담배 끊기 왜 힘든가 했더니… 마취물질 등 599가지 첨가, 니코틴 중독성 더욱 높여….'

니코틴 전달을 촉진하거나 흡연 시 기침 발생을 억제하는 등 여러 가지 목적으로 담배에 들어가는 첨가제들이 담배를 끊기 더 어렵게 만든다는 연구결과가 나왔다.

미국 로스앤젤레스 캘리포니아 대학 의과대학 정신과 전문의 마이클 라비노프 박사는 「공중보건 저널(Journal of Public Health)」 9월호에 발표한 연구논문에서, '담배산업이 인정한 담배첨가제 599가지 중 100가지 이상이 담배의 습관성을 더욱 강화시켜 담배를 끊기 어렵게 만든다'고 밝힌 것을 헬스데이 뉴스가 4일 보도했다.

라비노프 박사는 이 첨가제들은 니코틴 전달을 유지 또는 촉진시켜 니코틴의 중독성을 더욱 높이고 흡연과 관련된 병리학적 증세를 은폐한다고 말했다.

첨가제 가운데 초콜릿과 코코아 같은 것은 담배 연기가 폐로 들어가기 쉽도록 만들어주는 물질을 함유하고 있다고 라비노프 박사는 지적했다. 그리고 담배 피울 때 기침이 나지 않도록 마취 효과를 일으키는 물질도 첨가제로 들어가고 있다고 말했다.

이에 대해 오리건 보건과학대학의 제임스 판코우 박사는 '담배를 피우는 사람들은 담배가 연초를 종이로 만 것이라고 단순하게 생각하지만, 담배에는 피우기 쉽게 하거나 맛을 좋게 하는 각종 첨가제들이 들어 있다'고 밝혔다.

– 연합뉴스

3Girls 시대

집사람이 3Girls를 아느냐고 묻기에 혹시 '카라', '소녀시대' 같은 아이돌 그룹의 하나냐고 반문했다.

그게 아니라 요즘 남자들은 3Girls를 잘 따라야 살기 편하다면서 3Girls는 어머니, 아내, 내비걸이란다. '어머니'와 '아내'는 알겠는데 '내비걸'은 왜냐고 물으니 내비게이션에서 젊은 여자가 길을 안내하는데 그대로 따라야 목적지에 잘 갈 수 있다는 설명이다.

가끔은 내비게이션을 이용하는 편이라 '그렇기도 하겠구나' 하는 생각으로 요즘 세태에 맞긴 맞는 말이라 긍정은 하였지만, 마음 한편으로는 무언지 떨떠름한 생각이 들어 반론을 편다.

첫째, 요즘 젊은이가 '어머니' 말씀 잘 들으면 '마마보이'라 해서 연애도 힘들고 장가도 잘 못 가. 알아?

둘째, 결혼해서 '아내' 말만 잘 들으면 아내 무섬쟁이(공처가)가 되어 사회생활하는 데 왕따 당하기 십상이야.

자고로 암탉이 울면 집안이 뭐 된다는 옛 조상님 말씀이 만고불

변의 진리고 우리 집 가훈 ABC야. 공연히 주위에서 떠든다고 부화뇌동은 물론 안 하리라 믿지만 결혼한 아들들에게 마누라 말만 듣지 말고 (나는 쌍둥이 아들만 있다) 중심 잘 잡으라고 해.

그런 의미로 우리 아들들에게 가운데 中을 써서 是中, 思中이라 이름 지은 뜻 잊지 않았겠지?(실은 중용을 지키라는 뜻이었음)

셋째, '내비게이션 girl'도 그래. 지름길이나 좀 다른 길로 가면 곧 수정해서 나름대로 융통성을 발휘해야지. 애초 입력된 대로 계속 고집만 피우고 떠들기만 하니 시끄러워서 꺼버리는 것을 같이 차 타고 가면서 당신도 종종 보았지.

집사람은 은근히 나에게 3Girls를 들먹이면서 요즘 여성 상위시대, 신모계 사회가 도래한 것을 빗대어 주지시키려는 것 같은데(본심은 아니겠지) 천만의 말씀. 하늘이 두 쪽 나도 그건 아니다는 것이 내 신념이다.

물론 나도 세상 돌아가는 세태를 모르는 청맹과니가 아닌 이상 요즘 유행하는 말뜻을 알고는 있다. 이왕 말 나온 김에 집사람에게 한마디 더 했다.

예를 들어, 외국 영화처럼 여성이 차 탈 때 문 열어주는 것이 신사도처럼 보이지만 여자는 손이 없냐 발이 없냐. 예전에는 여자가 약하다고 생각해서 보호하는 뜻에서 그랬지만 요즘 여자들은 보호받는 차원을 떠나 '섬김'을 받으려 하고 또 그것이 당연하고 마땅하다고 생각하는데 그건 내 생각으론 잘못이야. 그리고 요즘 남편들이 나이 들어 은퇴하고 집안에 있는데 여자들끼리 우스갯소리겠지만 三食이면 나쁜 놈, 二食이면 미운 놈, 一食이면 좋은 놈, 無食이면 예쁜 놈이라고 한다는데 해도 너무 한다. 남자들이 직장이나 사업하면서 온갖 수모와 어려운 일 참고 참으면서 열심히 일하고 돈 벌어오면, 그래 여자들 모두가 그렇다는 뜻은 아니고 일부지만 좋다는 식당 가면 조금 과장해서 온통 여자들이요, 골프장에 가면 반 이상이 여자들이라고 하는데, 여태껏 치열한 생활전선에서 오로지 가정 위해 헌신해 온 가장이(여자들은 '헌신' 하면 자기들을 우선 내세우는 경향이 있다.) 이제 백수라고 우스갯소리의 대상으로 불리니 이 어찌 개탄할 일이 아니냐.

이처럼 집사람에게 억지든 푸념이든 공자 말씀 할 말 하고 나니 속이 다 시원하다. 집사람은 아마 속으론 골수 마초라며 웃었겠지. 내가 그 속을 왜 몰라.

그래도 난 3Girls 중 '내비걸'이 제일 좋다. 젊고 상냥한 목소리도 좋지만 그보다도 고집 피우고 시끄러우면 꺼버릴 수 있으니 말이다.

여보, 강론이 너무 길었나. 좋은 말 들었으니 맥주하고 안주 좀 차려와. 아 참, 당신은 와인이 좋겠지?

송파 브라더스

송파에는 참으로 좋은 모임이 있다. 월요포럼의 K 전 회장이 명명하였는지 지금은 조금 아리송하지만 우리를 "송파 Buralthers"라고 한다(Brothers가 아님). 회장에 Y(유승수), 고문에 L(이준용), 막둥이 L(이종관) 그리고 나 이렇게 넷이 모임을 갖고 있다.

모임이라고 해서 거창한 것도 정기적인 것도 아니고 누구든지 30분 전에 연락하면 모두 모여 (사업에 바쁜 막둥이 L은 가끔 빠지기도 한다) 주로 점심을 같이 하면서 시국에 대한 담론과 신변의 잡다한 일들을 이야기하노라면 시간 가는 줄 모른다. 특히 Y회장의 구수하면서도 박학다식한 입담은 우리를 즐겁게 한다. 그리고 그 속에 지혜서(성경)처럼 참으로 배울 것도 많다.

그리고 고문 L은 해박한 경제지식과 세무 상담으로 우리들의 고문 역할을 훌륭하게 자원봉사하여 주어서 모두 고맙게 생각하고 있다. 또한, 막둥이 L은 박력과 젊은 외모로 우리 모임에 활기를 불어넣으며 모임의 정신적인 평균연령을 다운시키는 후광효과를 우리 모두 톡톡히 입고 있다. 때로는 언제나 넉넉하고 푸근한 춘천의 C(최창도) 동문이 참석하여 즐거움을 더해준다.

Y회장이 C동문에게 송파에 출입국관리사무소(Immigration Office)가 있으니 서울 올 땐 꼭 송파에서 입경 VISA를 받아야 한다고 강력히 주의(?)를 환기시키는 바람에 C동문은 서울 올 때 가끔 참석하곤 한다.

우리처럼 1주일에 한두 번 만남을 갖는 것이 그렇게 쉬운 일은 아니겠지만, 동문이라는 울타리로 서로 끈끈한 정을 나누다 보니 형제보다도 더 가까움을 느끼는 것은 나만의 생각은 아닐 것이다.

우리 동문들은 월요포럼이나 등산, 낚시, 당구, 바둑 등 취미클럽 활동에 적극 참여하고 있고 또한 일산, 인천 등 지역모임에서 서로의 우의를 다지고 상부상조하는 모습이 참으로 아름답다.

이웃사촌이라는 말도 있지만, 우리 동문들이 자기 사는 지역에서 형제와 같은 우의를 나누는 작은 모임을 갖고 이를 더욱 활성화해 나간다면 얼마나 좋을까 생각해 본다.

뿌리 깊은 나무 바람에 아니 흔들리듯 이러한 지역 소모임이 모이다 보면 한가람 큰 물이 되어 동창회 발전에 크게 이바지하게 되리라 무자년 설을 맞아 기대해 본다.

성경의 집회서에 있는 말씀이 문득 가슴에 와 닿는다.

성실한 친구는 무엇과도 비길 수 없으며 그 우정을 값으로 따질 수 없다.

– 지당하신 말씀, 나도 동감/만근 생각

옛 친구를 버리지 말아라. 새로 사귄 친구는 옛 친구만 못하다. 새 친구는 새 술과 같으니 묵은 술이라야 제 맛이 난다.

– 마누라님도 같다/만근 생각

새해 인사

"새해 복 많이 받으십시오."

희망의 새해를 맞이하여 동문 여러분께서 더욱 건강하시고 가내는 더욱 평안하시길 기원합니다.

저는 지난 2008년 12월 29일(월) 월요포럼 모임에서 저의 분수와 능력에 넘치게 2009년도 회장직이라는 중책을 맡게 되었습니다. 정말 모든 것이 부족한 저 자신이기에 고사하였지만 결국 더욱 열심히 하라는 참석 월요포럼 회원님들의 뜻을 받들게 되었습니다.

그간 모임을 이끌어주시고 발전시킨 전임 김성주, 유원덕 회장님과 이번에도 같이 수고해 주실 송봉림 총무님, 그리고 열심히 참석하여 동문들 간의 우의를 더욱 돈독히 해주신 월요포럼 회원 여러분. 또한, 그간 성원해 주신 전명관 동창회 회장님과 모든 동문들에게 마음속 깊이 감사드립니다.

제가 월요포럼에 참석하면서 정말 고마웠던 점은 참석 동문들의 격의 없는 즐거운 이야기에 웃고 또 웃고 한 주일 웃을 일 모두 웃으면서 삶의 에너지원을 받았던 점입니다.

얼마 전 어느 신문에서 나이가 들어서 주위에 다섯 명 정도 이야기 나눌 수 있는 사람이 있으면 삶이 더욱 풍요롭고 건강하며 행복한 삶을 산다는 연구결과 보도를 본 기억이 있습니다.

'소문만복래'란 말처럼 같이 웃으며 즐겁게 나이 들어가면서 더욱 좋은 추억을 쌓아가노라면 우리는 60대 청춘으로서 더욱 건강하고 행복한 삶을 살아가리라 믿습니다.

동문 여러분!

아시다시피 월요포럼은 언제나 누구에게나 오픈되어 있는 우리 동문 모두의 사랑방입니다. 그간 바쁘신 사정 등으로 들르시지 못한 동문께서는 매주 참석이 어려우시면 격주에 한 번 아니면 한 달에 한 번, 분기에 한 번이라도 우리들의 사랑방 '월요포럼'에 나오셔서 즐거운 정담을 나누시길 바랍니다.

인생사 바쁘신 벗님네들
쉬이 감을 자랑 마오.
일도창해하면 다시 오기 어려우니
우정이 만공산하니
월요포럼에서 쉬어감이 그 어떠리!

저는 '이 오늘은 내 여생의 첫날이니 보다 소중하고 참삶을 살아야겠다는 매일의 다짐처럼'(현실은 별로 그렇지도 못하지만) 동문들의 사랑방인 '월요포럼'에 비록 능력은 부족하고 정성은 모자라지만 동문 여러분께서 제 아호인 牛亭처럼 바쁜 인생걸음 잠시 멈추시고 월요포럼이란 정자에서 편히 쉬어가실 수 있도록 열과 성을 다하고자 합니다.

동문 여러분들의 많은 도움을 기대하면서 다시 한 번 "새해 복 많이 받으십시오." 큰절 올립니다. 그리고 꼭 말씀드리고자 하는 것은 "동문 여러분! 사랑합니다."

명품 포도주
(50주년 기념문집)

졸업 50주년 기념행사를 마치자마자 하와이 공원묘원에 모신 어머님 산소에 성묘도 하고 하와이 의대에 있는 작은아들도 볼 겸 아내와 함께 하와이로 갔다. 여행 중에 읽을 책으로 용산고 13회 졸업 50주년 기념문집과 몇 권의 책을 챙겼다.

하와이는 예전에 살기도 한 곳이라 성묘 후에는 주로 하와이 대학교의 G.C College에서 공부할 때 자주 들렀던 학교 도서관에서 책을 읽었다. 하와이 대학교 도서관은 냉방이 잘돼 내 생각에는 더운 하와이에서 제일 시원한 곳이다. 그리고 주민에게도 개방되어 있어 출입이 자유롭다.

도서관에서는 학생들이 열심히 공부하는 모습이 보기 좋았고, 점심시간에 간 식당에는 학생들이 식사와 이야기로 활기가 넘친다. 그 모습을 보고 있노라니 '너희의 그 일상의 모습들이 바로 청춘의 아름다운 순간이었다는 것을 먼 훗날 알게 될 것이다'라는 생각이 든다. 그리고 나에게도 그런 아름답고 소중한 시절이 있었다는 것을 이제는 추억으로 고이 간직해야겠다.

도서관에서 '50주년 기념문집'에 실린 동문들의 진솔한 글을 읽다가 박완서 작가가 '나의 경험 나의 문학' 글 중에서 여고 시절 국어 선생으로부터 글쓰기에 대하여 "너의 경험에서 나온 것을 써라. 그리고 쓸 게 생겼다고 금세 쓰지 말고 속에서 삭혀라." 그리고 "포도주는 포도를 버린 것이 땅에 고여 시간이 지나 발효되어 술이 된 것을 발견한 것"이라면서 "포도주가 되기 위해선 시간이 필요하다"고 말씀하셨던 것을 지금도 명심하고 있다고 한 말이 생각났다.

동문들의 글이 노벨 수상작가들의 작품보다 더 내 가슴에 닿는 것은 그 글들이 긴 세월의 이끼가 아름답고 두텁게 낀 진솔한 내면의 길이라는 것을 알기 때문이리라.

그 길을 말없이 길동무하며 50년의 세월과 함께 걷는다. 길을 걷다 잠시 멈추니 우리가 만든 기념문집이 오래된 발렌타인, 나폴레옹 코냑 등과는 비교조차 할 수 없는, 이 세상에서 제일 귀한 명품 포도주라는 것이 비로소 보인다.

시와 글의 한 단어 한 구절이 바로 50년이란 시간과 함께한 포도주였다. 그 투명한 희고 또는 붉은 액체 속에 젊음이 청춘이 녹아들어 있고, 인생의 기쁨과 슬픔 그리고 눈물과 회한의 마음들이 시간과 함께 침전되어 있겠지.

청양 이용시 동문의 '시간은 쉬지 않고 삶의 심 부려왔다/갈림길 하나 골라 머뭇대며 살아온 인생/주름진 피부의 얼룩. 인골의 뜸. 뜸 자국….'

시어(詩語)를 핏빛처럼 붉은 포도주가 담긴 와인 잔에 채워 청춘이 남긴 그리움을 벗 삼아 마신다. 그리움을 찾아 와이키키 해변에서 관광용 요트를 타고 바다로 나간다. 하늘이 푸른 바다를 닮아 너무나 푸르고 푸르다. 푸른 하늘에 솜털처럼 떠 있는 흰 구름 속에 보고 싶은 그리운 얼굴들이 가득하다.

눈이 부시게 푸르른 오늘은 서정주의 詩처럼 그리운 사람을 그리워해야겠다.

눈이 부시게 푸르른 날은
그리운 사람을 그리워하자.
저기 저기 저 가을 끝자리
초록이 지쳐 단풍 드는데
눈이 내리면 어이하리야
봄이 또 오면 어이하리야
네가 죽고서 내가 산다면!
내가 죽고서 네가 산다면?
눈이 부시게 푸르른 날은
그리운 사람을 그리워하자

설악산

(그 부르는 소리, 정겨운 소리…)

山이 아주 나지막한 목소리로 나를 불렀다. 보고 싶다고.

나도 보고 싶다. 정말 보고 싶다. 조금 있다 일어나서 널 보러 가겠노라고 조그만 목소리로 대답했다.

작년 이맘때쯤 뜻 아니게 병상에 누웠을 때 산은 나를 토닥이며 어루만지며 아주 조용한 몸짓으로 나를 껴안아주었다.

건강검진 결과 위 속에 폴립이 발견되었다. 악성은 아닌 것 같으니 그냥 달고 사시든가 아니면 제거 수술하시라는 의사 말에 제거 수술하기로 결심하고, 염상섭의 '표본실의 청개구리' 신세가 되어 수술대 위에 누웠더니 수술 직전 발가락이 정말 가늘게 떨리더이다.

그리고 1년이 지나 이 가을, 난 山이 부르는 소리를 다시 들었다 작년에 한 마음속의 약속이 생각나서 수술 후 첫 설악산 산행을 하려고 짐을 꾸리니 아내의 걱정이 이만저만이 아니다. 아내의 고마운 마음을 뒤로하고 단풍이 절정이라는 설악산을 향하여 차를 달렸다.

재작년 오색에서 출발 대청봉 거쳐 소청봉 산장에서 1박 후 수렴동 계곡으로 하여 백담사로 내려왔는데, 수술 후 2년 만의 산행이어서인지 만감이 교차했다.

오색온천 지구에 내려 설악을 바라보니 설악은 빙긋 웃으며 '정말 잘 왔구나. 살아 돌아와 이처럼 만나니 정말 반갑구나' 하고 내 어깨를 지긋이 감싸주는 듯하였다. 나도 설악에 기대어 푸근했던 어머님 품을 회상했다.

장수대에서 서북능선, 대청봉으로 오르던 날들, 작은아들 고3 때 함께 천불동 계곡으로 해서 중청대피소에서 1박 하며 많은 이야기 나누던 추억, 또한 어느 해인가 눈 덮인 한계령에서 손이 쩍쩍 붙는 그 추운 날 가시덤불 헤치며 능선 타고 대청봉 오르던 추억, 공룡능선으로 마등령으로 자일 걸고 넘나들던 날들, 겨울날 혼자서 대청봉 거쳐 험한 용아장성 능선을 타고 계곡을 미끄러지며 산행하던 기억, 지금 생각하니 무모할 정도로 山과 같이했던 순간순간들이 많은 삶이었다.

산우(산악회 회원) 중에는 이미 고인이 된 분들도 있는데 그리도 행복했던 순간들을 떠올리면 지금도 입가에 미소가 지며 그분들이 그리워진다.

먼 훗날 기력이 쇠잔해져서 산을 타지 못할 때가 되면 용뫼회에서, 산수회에서, 친구들과 웃으며 등산하던 나날들이 정말 그리워지는 순간이 오겠지!

조령 등산하던 날, 고 P회장의 그 털털한 웃음소리와 소주잔 부딪치는 소리는 지금도 귓가를 맴돈다. 수술 후 오랜만의 산행이라 감회가 새롭다 보니 옛일을 회상하게 되었나 보다. 혼자 산행하는 친구를 위하여 참고하라고 몇 자 적는다.

10월 18일 토요일 서울 출발, 오색온천에 도착하여 1박, 아침 8시 남설악 매표소 지나 아주 천천히 여유 갖고 산길 오르며 5시간, 드디어 해발 1,708m 대청봉에 오름.

대청봉은 예나 지금이나 함박웃음 지으며 내 이마의 땀을 닦아 주는 듯하였다. 대청봉에서 경관을 바라보며 도시락을 먹으니 바로 이곳이 별천지이리라!

고급 호텔의 스테이크가 이보다 더 맛있을 쏜가? 좀 더 갖고 좀 더 잘 먹고 잘 입고 잘 쓰자는 인생사 모든 것이 하잘것없이 생각되며 욕심 없이 자연과 더불어 살고 싶어진다.

중청대피소는 예약이 끝난 상태

그래서 소청봉 아래 소청산장에서 1박 하며 밤 3시 잠이 깨어 밖에 나와 보니 어두운 밤하늘에서는 별이 총총히 빛나고 있었다. 북두칠성이 손에 잡히는 듯하고 모든 뭇별들이 설악의 연봉 위에서 속삭이며 경이로운 손짓을 하고 있다.

새벽 5시 출발, 소청봉까지 올라오니 17분 걸렸다. 이제 막 어둠이 걷히는 설악산 봉우리들과 동해를 바라보니 여명의 광경이 가슴을 뭉클하게 한다. 6시 40분 저 멀리 동해에서 아침 해가 붉게 떠

오르고 활기찬 하루가 시작됨을 예고한다. 살아 있음에 진정 감사하며, 미래의 시간들을 삶다운 삶으로 잘 살아야겠다고 새삼 다짐해 본다.

하산길은 천불동 계곡으로 잡고 천천히 단풍 구경하며 소청봉에서 희운각 산장까지 1시간 25분, 양폭산장 1시간 35분, 비선대 3시간, 신흥사 1시간 40분, 총 7시간 40분 걸려서 산행을 마치고, 척산온천에서 개운하게 목욕을 하니 모든 피로가 풀린다.

이번 산행을 묵상해 보니

산이 그곳에 있어 난 참으로 행복했고 앞으로도 자주 와야겠다고 결심했다. 그리고 山을 좋아하는 사람들은 행복하다는 것을 느꼈다.

山, 山, 山.

인내와 용기와 포용을 가르쳐주는 길잡이인 山은 우리의 스승이 아닐까?

히말라야 I

(예쁜 아기 곰을 찾으러)

언제부터인가 히말라야 산속에 예쁜 아기 곰 한 마리가 살고 있는 꿈을 꾸어 왔다.

영국 산악인 조지 맬러리가 "왜 당신은 산(에베레스트)에 가느냐"는 질문에, "산이 거기 있기 때문(Because it's there)"이라고 말한 것처럼, 누군가 나에게 "왜 히말라야로 가느냐"고 묻는다면 나 또한 "Because its there"라고 답할 것이다.

나에게 it은 山이 아니라 내 마음속에서 뛰노는 예쁜 아기 곰을 뜻하기 때문이다.

2011년 2월 4일 드디어…

자, 떠나자! 히말라야의 안나푸르나(Annapurna 8,091m)로…,

김기욱과 이무용 동문, 하와이 의대 재학 중인 작은아들 思中 박사와 함께하게 되니 삼총사와 달타냥의 팀이 되었네.

1972년과 1976년에 김정섭 대장이 이끄는 마나슬루(Manaslu

8,163m) 한국 등반대 대원으로 참여할 뻔한 일이 있었다.

나는 1971년 포항제철에 입사하여 직무 외에 동호인 활동으로 회사 산악회 초대 총무 및 대한산악연맹 산하 포항시 연맹의 창설 멤버로 학술, 기술 이사를 맡고 있었다. 그때 김정섭 씨와 인연이 되어 같이 가자고 권유를 받았지만 당시에는 혼자서 포항제철 축구단의 매니저를 맡고 있어 할 수 없이 고사하고 대신 회사 동료를 추천한 일이 있었다. 아마 그때부터 히말라야는 나에게 상상 속의 예쁜 아기 곰으로 자리 잡게 되었나 보다.

한라산, 지리산, 설악산을 거쳐 백두산까지 40여 년 등산의 세월이 지나갔지만 한시라도 히말라야의 예쁜 아기 곰을 찾으러 가는 꿈을 잊은 적은 없었다.

흰 눈이 덮여 있는 히말라야의 산은 늘 나를 꿈꾸게 한다. 이제 칠십을 바라보며 神들이 살고 있는 백설의 높은 山들의 동네로 아기 곰을 찾아 먼 길을 떠난다.

행복하여라!
꿈꾸는 사람은
꿈이 이루어질 것이다.

동문 여러분! 나마스테(Namaste)

Nepal(네팔) 공부

- 면적 : 147.181km^2(한반도의 2/3)
- 인구 : 2,800만 명
- 수도 : 카트만두(Kathmandu) *야끼만두 또는 물만두가 아님
- 주요 민족 : 네팔인 80%, 티베트인 20%
- 종교 : 힌두교 87%, 불교 8%, 이슬람교 4%
- 주요 언어 : 네팔어(공용어 55%), 그 외 소수 부족어
- 히말라야 : 산스크리트어로 눈을 뜻하는 히마(Hima), 머무는 곳을 뜻하는 아라야(Alaya). 총길이 2,400km로 네팔, 인도, 파키스탄, 티베트(중국) 등 4개국에 걸쳐 있다.
- 에베레스트 : 8,848m, 네팔인들은 ‘사가르마타(Sagarmatha), 티베트인들은 ‘초모랑마(Chomolangma)라고 부른다. 1953년 에드먼드 힐러리와 셰르파인 텐징 노르가이가 처음 등정하였다.
- 나마스테 : 인도의 공용어 힌디(Hindi)어의 인사말. 상황에 따라 ‘안녕하세요, 반갑습니다, 안녕히 계세요’ 등을 의미한다.

히말라야 II
(열정과 함께 도전)

• MEMO

트레킹 중의 나를, 내 느낌을, 내 감동을 기록으로 남겨야겠다고 생각했다. 느낌도 사진으로 남길 수 있다면 얼마나 좋을까 생각해 본다.

• 열정 그리고 도전

2011년 2월 4일 설 다음 날 네팔의 히말라야에 갔었다. 그곳에 가고 싶다는 꿈을 40여 년 동안 꾸다 고희 전에 하고 싶은 일을 하기로 했다. 용산고 동창 2명과 작은아들 思中 박사와 나, 넷이서 출발하게 되었다. 안나푸르나 베이스캠프까지 12일간의 트레킹 일정이었다.

무엇이 나를 히말라야로 향하게 한 것인가? 생각해 보니 내 삶의 열정이 나를 히말라야로 이끈 것이다. 내 삶이 열정과 함께 동행하는 한 나는 청년으로 내 길을 걷는다.

바다에 파도가 쳐야 산소 공급이 되어 물고기가 산다. 인생에서 아늑하고 평온한 삶만 추구하지 말고 열정을 갖고 파도를 만들어야 한다. 그래야 청춘의 삶을 살 수 있다.

그런 의미에서 새뮤얼 울만(Samuel Ullman)의 젊음(Youth)을 마음속으로 다시 한 번 되새겨본다.

'젊음이란 인생의 어느 기간을 말하는 것이 아니라 마음의 상태를 말한다. 그것은 장밋빛 뺨, 붉은 입술, 유연한 동작이 아니라 강인한 의지, 풍부한 상상력, 불타는 열정을 말한다. 젊음이란, 삶의 깊은 샘물에서 오는 신신한 정신, 유약함을 물리치는 용기, 안이함을 뿌리치는 모험심을 의미한다.'

그렇다. 나는 동의한다.

우리는 우리가 믿는 만큼 젊어지고, 회의만큼 늙는다.

우리는 우리의 자신감만큼 젊어지고, 체념만큼 늙는다.

나의 히말라야 트레킹은 열정과 함께 시작되었다. 그것은 지금까지의 내 삶에 대한 진지한 성찰이었고 새로운 도전이었다.

히말라야 Ⅲ
(인내는 쓰고 그 열매는?)

안나푸르나 생츄어리 트레킹은 산행기점인 나야풀(1,070m)에서 출발하여 안나푸르나 베이스캠프(ABC 4,130m)를 오르는 8박 9일간 160km를 걷는 여정이었다.

안나푸르나 BC까지는 6일간 계속 오르막길을 걸었다. 무수한 돌계단과 가끔은 발 한 번 잘못 디디면 천길 낭떠러지로 낙하산 없이 떨어지는 그런 길을 만나기도 했다.

그 좁은 길에서 야크떼라도 만나면 산 쪽으로 몸을 바짝 붙여야만 했다. 계곡 쪽으로 서 있다 밀려 떨어지면 로프 없는 번지점프를 할 수밖에 없다. 어쩌다 오르는 길에 내리막길이 나오면 숨 좀 고르며 살겠다 싶었는데 웬걸, 저 아래 까마득한 계곡까지 내려갔다 다시 올라와야만 했다.

설악산 대청봉 오르려 오색에서 출발하여 이제 거의 다 왔구나 했는데 다시 오색 내려가서 올라오는 것이니 다리에 힘도 풀리고 지친 몸을 가누기도 쉽지 않았다.

아, 울고 싶어라! 제일 힘들었던 때가 산행 5일째였는데 아침에 시누와(2,340m)에서 출발하여 데우랄리(3,230m)까지 가는 일정이었다. 고산병 예방수칙에 가능한 한 하루에 오르는 고도차가 최대 500m를 넘지 않도록 하는 것이 좋다고 하는데 하루에 고도를 1,000m 정도 가까이 올라가느라 약간의 두통 등 고산 증세가 보였다.

일행 모두 머리가 아프다며 지난 나흘 동안 하루 8시간여의 오르막 등산 강행군으로 인하여 모두 좀 지치기 시작했다(L동문은 빼고). 날씨도 비가 오다 눈으로 변해 그냥 맞으면서 50보 걷다 쉬며 30보 걷다 쉬기를 반복했다.

숙소인 데우랄리 로지에 후미 일행에 섞여 겨우 가까이 가니 먼저 도착했던 L동문이 본인도 피곤하고 힘들 터인데 쉬지 않고 멀리까지 나를 마중 나왔다. 참으로 고맙고 힘이 다시 샘솟았다. 냅다 뛰는 L동문은 고소 산악 마라톤한다고 이 힘든 곳에서도 냅다 뛰었다. 철인이 따로 없다.

로지에서 샤워는 꿈도 못 꾸고 세수도 물티슈로 대충하고 그간 면도도 안 했더니 거울에 비친 내 모습이 산적이 따로 없다. 그래서 K동문에게 내가 헤밍웨이 같아 보이지 않냐고 했더니 마음 착한 K는 고개를 끄덕인다.

윤 헤밍웨이? 맞긴 맞는 말인가?

K는 로지에서 더운물로 샤워할 수 있다는 말에 네 번째로 샤워장에 들어가 머리와 온몸에 비누칠한 것까지는 좋았는데 아뿔싸! 더

운물 공급이 끊어지고 냉수만 나와 히말라야 찬물(물에 손을 넣으면 손이 시리다. 얼음물이다)로 부득이 냉수 목욕을 하였으니 참으로 시원하였으리라(더운물로 샤워한다는 말을 왜 믿어. 나처럼 참고 지내지. 여자들도 그냥 지내는데).

감기 걸리면 저체온증으로 고생할 수 있다는 생각에 걱정이 되어 작은아들 思中 박사에게 진찰을 부탁하니 진찰 후 타이레놀 감기약을 처방하였다.

아마 K도 어느 여행자의 체험기에서처럼 다음과 같이 느꼈을 것 같다.

"그런데 미지근하기는커녕 얼음장처럼 차가운 물만 콸콸 쏟아져 나왔다. 순간 전기에 감전된 사람처럼 소스라치게 놀라고 만다…. 그러고 나서 너무나 추운 나머지 건전지를 새로 갈아 끼운 전동 칫솔처럼 쉴 새 없이 떨다가 급기야는 제자리에서 미친 듯이 뛰기 시작하였다. 정말이지 겁나게 뛰고 또 뛰었다. 이빨이 다닥다닥 온몸이 바들바들 떨려 그 시간이 어떻게 지나갔는지도 모를 만큼 샤워를 허겁지겁 끝냈다."

나는 난방이 안 되는 방의 매트도 없는 조악한 나무침대에서 가져온 침낭 속으로 옷을 껴입은 채 들어갔으나 고산 지역이라 그런지 코끝이 다 춥다. 방에서 자는 건지 바깥에서 비박을 하고 있는 건지, 추위에 떨며 한동안 뒤척이다 내일은 목적지인 안나푸르나 베이스캠프까지 가야 되고 8시간여 산행이 기다리고 있어 겨우겨우 눈을 붙여본다.

따뜻한 내 집을 놔두고 집 떠나 돈 주고 매일매일 강행군으로 다리는 아프고 다 늙어 이 무슨 고생이람. 사서 고생한다더니 내 꼴이 딱 그 짝이다. 그래도 내일 드디어 안나푸르나(풍요의 여신)를 만난다는 기쁨으로 마음은 설렌다.

판도라에 마지막까지 남았던 '희망'은 우리에게 어려움 속에서 다시 일어설 수 있는 용기를 준다.

희망과 함께하는 열정과 긍정의 삶은 아름답다.

히말라야 Ⅳ
(신성한 山 마차푸차레Machapuchare 찬가)

산행 6일째, 드디어 오늘은 신성한 山 마차푸차레의 베이스캠프(MBC 3,720m)를 거쳐 목적지인 안나푸르나 베이스캠프(ABC 4,130m)까지 오르는 일정이다. 오늘은 데우랄리(3,230m)에서 출발하여 하루에 900m의 고도를 오르는 산행길이라 8시간여 걷는 것보다 고산병이 은근히 걱정된다. 3,000m를 넘으니 일행 중 대부분이 머리가 아프다는 등 약간의 고산 증세를 보이고 있다.

마차푸차레(6,993m)는 다른 말로 'Fish Tail'이라 불리는데, 산의 모양이 마치 물고기 꼬리처럼 생겼기 때문이다. 네팔인들이 신성시하여 누구에게도 입산 허가를 해주지 않아 전인미답으로 남아 있다. 푼힐 전망대(3,150m)에서 본 마차푸차레는 위엄이 넘치는 큰 바위 얼굴이었다.

환희에 붙여서(An die Freude)

마차푸차레 베이스캠프 근처에 다다르니 갑자기 구름이 몰려와서 지척을 분간하기 어려웠다. 2시간 정도 더 걸어 올라가야 할 ABC 가는 길은 보이지 않고 안나푸르나는 구름 속으로 그 모습을 감추었다. 갑자기 눈이 내리기 시작하더니 천지를 백설로 덮고 있었다.

잠시 후 구름 사이로 햇살이 마차푸차레 능선을 살짝 비추이니 마차푸차레의 하얀 어깨살이 보이는데 그 자태가 얼마나 고혹적인지….

바람에 구름이 잠시잠시 흩어지는 사이로 비추이는 햇살에 마차푸차레는 갸름한 목덜미를 드러내놓는가 싶더니 이따금 기품 있으면서도 위엄 있는 얼굴을 보여주는데 나도 모르게 아, 여기가 신령한 곳이구나! 하며 마음속 깊은 곳으로부터 감동과 환희의 작은 떨림이 일더니 점차 큰 울림이 되어 온몸을 감쌌다. 갑자기 눈시울이 뜨거워지면서 목이 멘다.

내가 생각해도 내 자신이 이상했다. 나중에 로지에서 일행 중의 연세대 김경희 박사와 전북대 이신근 교수와 이야기했는데 그들도 나와 비슷한 느낌과 감동을 받았다고 했다. 김 박사는 눈물을 흘렸다고 한다.

왜 이곳을 생츄어리(Sanctuary : 신성한 장소, 성역)라고 하는지 궁금했는데 직접 보고 느끼니 비로소 이해할 수 있었다.

서녁 무렵의 마차푸차레(西面)는 푸른 하늘과 흰 눈 그리고 구름으로 둘러싸인 위엄 있는 백설의 봉우리, 그리고 구름이 잠시 흩어지며 밝은 햇살에 보이는 은밀한 속살들. 말 그대로 Fantastic!

Great!였다.

일순간에 모든 피로와 여독이 가시고 짙은 구름으로 인해 ABC 가는 길이 안 보인다는 불안감은 어느새 사라지고 가슴은 환희로 가득 찼다.

환희여.
신들의 아름다운 광채여
낙원의 처녀들이여
우리 모두 황홀감에 취해
황혼에서 그대의 하늘과도 같은
빛이 가득한 성소로 들어가자.

– 실러(Johann Friedrich von Schiller)의 환희의 송가

마차푸차레가 보이는 지역으로 들어가자 그곳은 내게 바로 그 성역, 그 성소였으며 환희 그 자체였다. 이 신령한 장소에서 신성한 산 마차푸차레는 수많은 사람들에게 영감과 환희와 감동을 그리고 숭고함이 무엇인지를 말해 주고 있었다.

나는 베토벤의 교향곡 9번 합창이 대자연의 순수와 어울려 장엄하게 이 신령한 땅에서 울려 퍼지는 것을 마음으로 들었다. 4악장에 나오는 합창의 환희의 테마가 D장조 4/4박자로 나타난 뒤 베토벤 자신이 직접 가사를 붙였다.

"O Freunde, nicht diese Toene. Sondern lasst uns angenehmere anstimmen, und freudenvollere."

"오 벗들이여, 곡조를 바꾸어 우리들은 더욱 즐거운 그리고 기쁨에 찬 노래를 부르지 않으려는가!"

베이스 솔로의 목소리를 시작으로, 실러의 환희의 송가로 이어진다. 순수한 순백의 신령한 장소에서 장엄하게 울려 퍼지는 것은 장관이었다. 내 일생의 커다란 행복이었다. 내 눈에 눈물이 고였다. 그것은 기쁨과 환희의 감동 바로 그 결정체였다.

마침 해빌 4,000m가 넘는 고산지대인데도 불구하고 온몸이 파랗고 날 때 꼬리부분만 하얗게 보이는 전설 속의 파랑새 수백 마리가 흰 눈이 내리는데 군무를 추고 있었다. 마치 '환희의 송가'에 맞춰 온몸으로 이렇게 합창을 하는 듯 보였다. 환희의 송가 구절처럼.

"거대한 하늘의 선물을 받은 자여
진실된 우정을 얻은 자여
여성의 따뜻한 사랑을 얻은 자여
다 함께 환희의 노래를 부르자."

내 마음은 온통 환희로 가득 찼다.

나는 MBC에서 ABC까지 2시간여를 오르는 동안 수없이 걸음을 멈추며 뒤돌아서서 마차푸차레를 보고 또 보며 찬미와 찬탄의 신음을 낼 수밖에 없었다.

오, 나의 하느님!

Sanctuary

나는 마차푸차레 그 신령한 땅에서 알랭 드 보통(Alain de Botton)이 『여행의 기술(The Art of Travel)』에서 '만약 우리가 숭고한 장소를 만나게 되면, 우리는 그곳에서 우리 삶을 괴롭히는 무수한 일들과 결국 먼지로 되돌아가게 될 인간의 운명을 보다 너그럽게 받아들일 수 있게 될 것이다'라고 말한 것을 생각하며, 이번 안나푸르나 생츄어리 트레킹을 통해 단순한 트레커가 아닌 순례자로서의 나의 모습을 확인할 수 있었다.

흰 눈이 이 성소를 하얗게 물들이는 동안 멀리 안나푸르나의 눈 덮인 정상과 히말라야의 고봉들이 석양빛을 받아 불타고 있었다.

나마스테!

(내 안의 신이 당신 안의 신에게 인사드립니다.)

히말라야 V
(미운 새끼 곰 한 마리)

네팔 히말라야의 안나푸르나로 12일간의 일정으로 트레킹을 하였다. 말이 트레킹이지 나에게는 고소등반이었다.

네팔어로 '안나'는 곡식, 먹을 것이라는 뜻이고, '푸르나'는 가득하다는 뜻으로 일반적으로 '풍요의 여신'이라 불린다.

ABC(안나푸르나 베이스캠프 약자)까지 꼬박 6일간 걷고 또 걸었다. 매일 6시 기상, 7시 식사, 8시 출발하여 오후 6시경 숙박 장소인 로지(lodge, 산장)에 도착하는 강행군이자 순례의 길이었다. BC(4,130m)까지 오르는 산행이라 대부분 오르막 고개요 계단이라 고소등반에 따른 어려움이 컸다.

길은 산허리를 감고 만들어져 가끔 위를 보면 천길 절벽이요 아래를 보면 천길 낭떠러지 길(대략 눈대중으로도 200~300m 정도)을 만나 조심조심 걷노라면 이마에 땀이 송골송골 맺힌다.

힘든 걸음 속에서 나는 생각하고 또 생각했다. 나는 무엇 때문에 히말라야의 이 험한 길을 걷고 있는가? 단순히 옛날부터 꿈꾸었던 히말라야의 눈 덮인 설산을 보고자 함인가? 아니면 석가모니 부처의 고향인 네팔(부처님 탄생지인 룸바니는 네팔 남부 타라이 지역에 있다)에서 젊은 석가모니가 고행한 길을 따라 순례자로서 걷고 있는 것인가? 불교에서는 석가모니 역시 수많은 전생(前生)을 겪었다면서 전생설화 '자타카(Jataka)'에 의하면, '룸비니'에서 '고타마 싯다르타'로 태어나기 전 아득한 과거에 이 히말라야에서 수행자의 삶을 살았다고 한다. 그렇다면 지금 이 히말라야의 길을 걷고 있는 나는 시공을 초월하여 석가모니의 길을 걷고 있는가? 석가모니가 나의 길을 걷고 있는가?

부처는 묻는다.

"그대는 잃어버린 물건을 찾는 것과 잃어버린 자신을 찾는 것 중에 어느 것이 더 중요한가?"

그렇다. 이번 안나푸르나 산행은 내가 나를 찾고자 함이다.

나는 '풍요의 여신'이라 불리는 안나푸르나에게 물을 것이다.

나는 누구인가?

나는 어디서 와서 어디로 가고 있는가?

나는 걸으며 멈추어 서며 여신의 치맛자락을 붙잡고 묻고 또 물으며 나의 길을 갔다.

힘든 산행 끝에 베이스캠프에서 안나푸르나를 바라보며 풍요의 여신에게 깊이 머리 숙여 인사드렸다. 여신은 어머니와 같은 너그러운 모습으로 내게 다가와 부드럽게 말하였다.

여신 : 오느라 고생 많았구나. 너는 무엇을 찾으러 이곳에 왔느냐?

나 : 예, 나는 예쁜 새끼 곰 한 마리를 찾으러 이곳에 왔습니다.

여신 : 그래 찾았느냐?

나 : 아직 못 찾았습니다.

여신 : 그럼 넌 오면서 두 눈으로 무엇을 보았느냐?

나 : 예, 가끔은 고개를 들어 눈 덮인 산봉우리와 여신의 얼굴을 보았습니다. 그리고 천길 낭떠러지를 조심하느라 고개 숙이고 발 밑을 보면서 조심히 걸었습니다. 그리고 생각했습니다. 고개를 듦은 높은 이상과 뜻을 품음이요 부당한 권력과 부정한 부에 대하여 굴하지 않고 당당히 맞섬이요, 고개를 숙이고 발 밑을 봄은 행여 나보다 여건이 못한 사람을 만나면 절대 오만하지 말고 더욱더 겸손하며 자비를 베풀라는 가르침을 보았습니다.

여신 : 그래 잘 보았다. 너는 진실로 어짊[仁]을 아는구나. 또한 너의 두 귀로 무엇을 들었느냐?

나 : 예, 오로지 바람소리와 물소리를 들었습니다. 그리고 생각했습니다. 일상 속에서도 항상 조용한 마음으로 자연의 소리를 경청하고자 노력할 것이며, 나의 말을 앞세우기 전에 남의 말을 성심성의 경청하여야 한다는 가르침을 들었습니다.

여신 : 그래 잘 들었다. 너는 진실로 겸손함을 아는구나. 또한 너의 입으로 무엇을 말하였느냐?

나 : 여기까지 걸어오면서 침묵 속에서 눈과 귀는 들인데 입이 하

나인 것을 생각하고 스님이 묵언수행하는 그 뜻을 새겨 일상 속에서 입을 조심하여 남의 허물을 입에 담지 말 것이며, 듣는 이에게 도움이 되는 말을 해야겠다고 나 자신에게 말하였습니다.

여신 : 그래 잘 말하였다. 너는 진실로 지혜를 아는구나. 그래서 너는 무엇을 깨달았느냐?

나 : 여기까지 오는 동안 많은 힘든 과정을 거치면서 나는 나 자신을 성찰할 시간을 갖게 되었습니다. 그래서 고요함 속에서 나를 볼 수 있었습니다. 나는 누구인가? 나는 어디서 와서 어디로 가는가? 삼라만상 모든 것이 바람이며 바람처럼 지나가며 물처럼 흐른다는 것을 깨닫게 되었습니다.

여신 : 그래 잘 깨우쳤다. 너는 이제 깨우침을 얻은 자가 되었다. 잘 가거라, '사랑하는 나의 새끼 곰'아. 네가 너의 길에서 긴 멈춤을 가질 때 한줄기 바람이 되어 바다를 건너 강을 넘어 나에게 오라. 내가 너를 내 따뜻한 가슴으로 품어주리라.

여신이 말을 마치고 구름으로 온몸을 감쌌다. 여신에게 깊이 머리 숙여 감사하며 하직 인사를 하고 내려오는데 나는 없고 '한 마리 미운 새끼 곰'이 그 숨소리는 바람소리로 그 땀방울은 계곡물이 되어 함께 가고 있었다.

킬리만자로의 표범 I

(누가예 누가이)

임진년. 이제 두보(杜甫)가 곡강(曲江)에서 읊은 '人生七十 古來稀(사람이 일흔 살까지 살기란 예로부터 드문 일이다)'를 생각하며 지나온 길에 대한 진지한 성찰과 앞으로의 생에 대하여 사색의 시간을 갖는다.

오늘을 사는 나는 내일은 여생의 삶일진데 구태여 분별함이 무위(無爲)일지라도 나는 오늘 새로운 인생의 출발점에 서 있음을 느낀다. 일상의 안일과 나태함과 체념의 굴레를 박차고 나와 새로운 세상의 길을 내고 싶다.

그리하여 작렬하는 태양 아래 야생의 본능이 꿈틀거리는 곳, 그 원시의 아프리카 대륙에서 산악인 엄홍길 씨와 함께 나는 만년설로 덮인 킬리만자로를 오르면서 내 길을 열기로 한다.

어니스트 밀러 헤밍웨이는 『킬리만자로의 눈』에서 '그곳에는 양쪽이 넓은 거대하고도 높은 킬리만자로의 네모진 꼭대기가 햇빛을 받아 믿을 수 없을 만큼 희게 빛나고 있었다. 그리고 킬리만자로 그

서쪽 봉우리 정상에는 얼어붙은 한 마리의 표범의 시체가 있고 도대체 그 높은 곳에서 표범은 무엇을 찾고 있었던가? 아무도 설명해 주는 사람은 없었다'고 적었다.

나는 킬리만자로(5,895m)의 정상에 서서 헤밍웨이의 표범을 찾기로 했다. 헤밍웨이가 눈 덮인 킬리만자로를 보며 찾고자 했던 것은 무엇일까? 그는 왜 마사이어로 '누가예 누가이' 즉, 神의 집이라고 불리는 킬리만자로의 서쪽 봉우리에 표범으로 상징되는 그 자신을 올려놓았을까?

그가 실제로 킬리만자로를 올랐는지 나는 모른다. 그러나 나는 지치고 힘들지라도 또한 고산병에 시달릴지라도 무거운 한 걸음들을 모아 헤밍웨이를 만나러 오른다. 그리하여 세상 사람들이 말하여 주지 않는 그 무엇을 헤밍웨이와 함께 찾고자 한다.

• 참고 1 : 이탈리아 등산가 라인홀트 메스너는 1986년 10월 세계 최초로 8,000m 14좌를 완등하였고, 엄홍길은 2000년 여덟 번째 완등자이다.

• 참고 2 : 해발 8,000m가 넘지만 14개 고봉에서 제외된 봉우리들은 대부분 다른 고봉에 이어진 능선에 솟아 있어 주봉에 종속된 한 봉우리로 취급되고 있다. 그러나 그중 얄룽캉(8,505m)과 로체샤르(8,382m)를 포함하여 8,000m급 고봉을 14개가 아닌 16개로 하자는 의견도 있다. 엄홍길은 16좌를 세계 최초로 완등하였다.

킬리만자로의 표범 II
(뽈레 뽈레)

2012년 7월 26일, 12일간의 일정으로 킬리민자로 등정을 위하여 떠난다. 세계 최초로 8,000m급 16좌를 완등한 국보급 위대한 산악인 엄홍길 씨를 대장으로 한 등반팀은 일반인들이 애용하는 조금 쉬운 길인 코카콜라(Cocacola) 루트를 버리고, 오르락내리락하는 구간이 많아서 위스키(Whiskey) 루트라 불리는 마차메 루트를 택해 텐트를 치며 오르기로 했다.

많이 힘들고 어렵겠지만 아프리카 원시의 땅 냄새를 맡으며 밤에는 그야말로 태초의 별들을 보게 될 기대로 가슴이 부푼다.

킬리만자로는 아프리카 대륙의 최고봉(5,895m)이며 세계 최대·최고 휴화산이기도 하다. 탄자니아 북동부 케냐와의 국경지대에 있으며 화산의 동서간 거리는 약 80km에 달하며, 스와힐리어로 '빛나는 산' 또는 '하얀 산'이라 불린다.

적도 부근에 위치하면서도 정상에는 만년설로 덮여 있다. 체코의 마라톤 선수 에밀 자토페크는 "새는 날고 물고기는 헤엄치고 사람은 달린다"고 했고, 산악인 엄홍길은 산사나이답게 "새는 날고 물고기는 헤엄치고 사람은 오른다"라고 했다.

에밀 자토페크처럼 냅다 달리는 존경하는 친구 이무웅처럼 나는 이 여름 땀 흘리며 킬리만자로 정상을 향해 냅다 오른다. 말이 '냅다 오른다'지 고도 4,000m 이상이 되면 산소 부족(50%)으로 걸음도 힘든 것을 작년 안나푸르나에서 체험했다. 뽈레 뽈레(천천히) 한 걸음 한 걸음 정상으로 향할 것이다. 킬리만자로의 신이 허락해야 오를 수 있다는 것을 알고 있기에 겸손되이 빌며 자비를 구할 것이다. 神의 은총으로 정상에 서게 되면 생명이 숨 쉬는 아프리카 전 대륙을 가슴에 안을 것이다.

그리고 또 한 가지, 정상에는 체감온도가 영하 20도 이하라는데 그렇다면 아직도 만년설 속에 얼어붙어 있을 헤밍웨이가 말한 표범도 찾아보아야겠다. 만약 표범을 찾게 된다면 꼭 물어보리라.

"너는 왜 외롭게 이 정상에 올라왔지?"

아마 표범은 이렇게 말하겠지.

"그렇게 묻는 너는 왜 올라왔느냐?"

조용필이 부른 '킬리만자로의 표범'의 가사를 조용히 읊조리며 그 물음에 대한 답을 자문해 보아야겠다.

'묻지 마라. 왜냐고? 왜 그렇게 높은 곳까지 오르려 애쓰는지 묻지를 마라. 고독한 남자의 불타는 영혼을 아는 이 없으면 또 어떠리.

구름인가 눈인가. 저 높은 곳 킬리만자로 오늘도 나는 가리 배낭을 메고 산에서 만나는 고독과 악수하며 그대로 산이 된들 또 어떠리.

짐승의 썩은 고기만을 찾아다니는 산기슭의 하이에나.

나는 하이에나가 아니라 표범이고 싶다. 산정 높이 올라가 굶어서 얼어 죽는 눈 덮인 킬리만자로의 그 표범이고 싶다.'

킬리만자로의 표범 III
(아! 고지가 바로 저긴데)

킬리만자로 정상에 오르는 루트는 6개이다. 이 가운데 일반인들이 쉽게 오를 수 있는 코스 3개를 코카콜라 루트라 부르고, 전문 산악인이 오르는 비교적 힘든 코스 3개를 위스키 루트라 부른다.

2012년 7월 28일, 위스키 루트 중 마차메 루트를 택해 텐트를 치며 4박 5일 40여 시간에 걸쳐 60여km를 산을 넘고 때로는 절벽의 경사도를 지닌 위험한 바윗길을 손으로 더듬으며 남산보다 높은 산길과 능선을 여러 번 오르락내리락 걸었다.

8월 1일 오후 3시, 드디어 정상 밑 마지막 캠프인 바루푸 캠프(4,600m)에 도착했다. 위스키 루트라 해서 왜 그런가 의문을 가졌었는데 3,000~4,000m 높은 곳의 길을 오르내리는 것은 고산병에 걸릴 위험도 높고 산소 부족으로 숨이 가쁘기 때문이다. 또한 평지와는 비교할 수 없을 정도로 힘이 들어 위스키처럼 독한 길이라고 해서 그렇게 이름 붙인 것으로 나름대로 이해를 했다.

여기까지 오르는 4박 5일 동안 오르막 내리막 힘든 길을 걸어

오느라 체력이 많이 저하되었다. 정상을 향한 어택 캠프(attack camp)인 바루푸 캠프에서는 4시가 되어서야 중식을 하게 되었다. 늦은 점심식사로 저녁 없이 별로 쉬지도 못하고 계속해서 야간산행을 해야 하기 때문에 긴장이 된다.

자정 무렵(영하 5도는 넘는 듯하다) 엄홍길 등반대장을 비롯한 선두조 12인이 캠핑장에 모였다. 보름달 휘영청 밝은 달빛이 킬리만자로의 만년설 위에 희게 빛나고 사방은 어둠과 침묵 속에 적막하기만 하다.

여기까지 4,000m를 넘나들며 고산병을 대비하고 이곳에 왔다. 그러나 지금부터는 추위와 졸음을 이겨내고 장기간의 산행으로 많이 지친 상태에서 아침 해가 뜰 때까지 7시간여 등반고도 1,295m를 오르는 야간 강행군을 해야 한다. 일행 모두 얼굴에 긴장한 빛이 역력하다.

드디어 엄 대장을 선두로 고도 4,600m의 바루푸 캠프를 출발하였다. 출발해서 1시간이 좀 지나니 오를수록 날씨가 더욱 추워지는데(고산 속에서는 100m에 0.5도씩 기온 차가 난다) 추위 속에서도 졸음이 쏟아진다. 스키 장갑을 낀 손이 얼얼해 장갑을 벗고 겨드랑이에 손을 넣어보지만 별 효과가 없다. 일반 양말에 두꺼운 등산 양말을 겹쳐 신은 발도 차츰 감각이 무디어 간다.

선두와 후미의 헤드랜턴 불빛이 일렬종대를 이루는 가운데 일행은 숨을 몰아쉬며 그저 말없이 앞사람의 발뒤꿈치를 보며 걷는다.

침묵과 고난의 행군이다. 나도 산소 부족으로 가쁜 숨을 헐떡이며 낙오하지 않으려 기를 쓰며 오르막길에 무거운 발걸음을 옮긴다. 추위에도 불구하고 피로가 쌓인 몸을 잠시 스틱에 기대니 쏟아지는 잠에 못 이겨 눈을 감다 소스라쳐 놀랜다. 졸면 죽는다. 무조건 움직여야 산다고 자신을 다잡아보지만, 한편으로는 등정을 포기하고 내려가고 싶은 생각이 굴뚝 같다.

'그래, 피곤이 누적된 몸으로 고도 1,300여m를 단숨에 오르는 오늘의 야간산행은 나에게는 너무 무리야, 여기까지 오느라 노력했잖아. 집사람도 너무 무리하지 말라고 신신당부하였고 또 일행 중 다른 사람들도 포기하고 내려가잖아.'

저만치 앞선 사람들의 헤드랜턴 불빛을 보면 부럽고 후미의 헤드랜턴 빛을 보면 내가 대견하기도 하다. 마음속의 갈등을 뿌리치며 길게 심호흡한다.

아이들을 생각한다. '평소에 인생은 도전이라고 가르쳐왔던 이 아버지는 고희에도 불구하고 몸으로 행동으로 보여주고 싶었던 거야. 너희들이 이 험한 세상을 살아가면서 난관을 만나 좌절하지 않고 꿋꿋하게 살아가도록 이 아버지의 도전하는 모습을 너희에게 각인시켜 주고 싶은 것이야.' 아이들을 생각하며 다시금 용기를 낸다.

'이젠 아무리 어렵더라도 물러설 곳이 없어. 이곳이 나의 낙동강 전선이야. 그리고 배낭에 정상에서 펼칠 용산고 13회 50주년 기념 등반 플래카드가 있어. 난 지금 혼자가 아니야. 플래카드에 격려 서명한 친구들 모두와 함께 아니 모든 동문들과 함께 걷는 거야. 윤만근, 용기를 내. 젖 먹던 힘까지 다해.

비록 실려서 내려온다 해도 그때까지는 이 걸음 멈추어선 안 돼. 울어선 안 돼, 내 사전에 중도 포기는 결코 없어. 일행의 선두에 선 엄 대장은 히말라야의 안나푸르나 정상을 바로 앞에 두고 사고로 오른발 발목이 180도 돌아가 부목을 대고 이틀간이나 그 고통으로 울며울며 한 발로 혹한의 눈길을 헤치며 베이스캠프까지 내려왔다고 말했잖아.'

저 멀리 위로 헤드랜턴 불빛을 보며 이은상 시조시인의 '고지가 바로 저긴데'를 크게 읊으며 용기를 낸다.

고난의 운명을 지고
역사의 능선을 타고
이 밤도 허우적거리며
가야만 하는 겨레가 있다
고지가 바로 저긴데
예서 말 수는 없다
넘어지고 깨어지고라도
한 조각 심장만 남거들랑
부둥켜 안고
가야만 하는 겨레가 있다
새는 날
핏속에 웃는 모습
다시 한 번 보고 싶다

킬라만자로의 표범 Ⅳ
(우후루 피크의 일출)

비몽사몽이란 말이 적절할 것 같다. 추위에 떨며 졸며 어떻게 발을 옮겼는지도 생각이 잘 안 나는 그런 긴 시간을 가졌다. 아마 본능적으로 무의식 속에서 걸었나 보다. 멀리 하늘이 어렴풋이 밝아오는 듯하다.

자 힘을 내자. 기억의 저편 아스라이 묻혀져 있던 노래가 생각나 크게 부른다. '철원 뜰 백마고지 싸움터로 삼고서 싸우고 또 싸워서 대승을 이룬 그 용맹 길이 지켜 나라 겨레 수호해.' 백마부대 사단가이다.

드디어 정상 부근에 있는 분화구 능선길의 스텔라 포인트(Stella point 5,756m)에 선다. 바루푸 캠프를 떠나 등반고도 1,156m를 올라온 것이다. 포기하지 않고 정신력으로 버티며 올랐는데 나무판에 'Congratulations! You Are Now at Stella Point'라고 씌어 있다. 살 것 같다. 꿈이 희망이 보이기 시작한다.

스텔라 포인트에서 정상인 우후루 피크까지는 분화구 능선길로 한 시간 남짓, 왼쪽으로는 만년설 빙하와 오른쪽으로 100m 아래의 분지를 보며 오르막길을 걷는다. 몸은 지쳤지만 기쁨으로 온몸이 충일하다.

드디어 정상인 우후루 피크(Uhuru Peak 5,895m) 표지판 앞에 섰다.

'Congratulations! You Are Now at UHURU PEAK 5,895m A.M.S.L'

킬리만자로 정상에 서니 만감이 교차한다. 눈물이 핑 돈다. 가슴이 벅차오른다.

'윤반근, 너 참 멋진 놈이야. 드디어 해냈잖아. 만세, 만만세.'

언 입가에 미소가 번지고 짙은 희열로 심장은 마구 뛴다. 눈앞이 흐려진다. 그래, 꿈은 이루어지지. 꿈과 열정과 불굴의 인내를 지닌 자에게 꿈은 이루어진다. 꿈꾸는 자는 언제나 청년이지.

난 오늘 정상에 오르기까지 험난한 과정을 통해 나 자신에 대한 믿음과 긍지를 잃지 않았고 타인에 대한 폭넓은 이해와 자연에 대한 경외심을 배웠다. 표지목 앞에서 엄 대장이 반갑게 웃으며 인사한다.

"윤 선생님, 올라오셨군요. 연세가 있어 못 오르실까 내심 걱정했습니다. 이처럼 보니 제 마음이 울컥합니다. 저도 고희에 이처럼 올라올 수 있을까요?"

"내가 엄 대장님 덕분에 이처럼 올랐습니다. 고맙습니다"라고 덕담을 하고 두 산사나이는 서로 굳은 악수와 포옹을 하였다.

아프리카의 장엄한 일출

구름이 점점 분홍빛으로 물들더니 해가 솟는다.

아프리카 대륙의 해가 솟는다. 해야 해야 높이 솟아라.

이 원시의 대륙 곳곳에 당신의 따사로움을 비추어다오.

킬리만자로 만년설 빙하에 햇빛이 비쳐 더욱 빛나며 어둠 속의 그로테스크했던 저 아래 깊은 분지도 검은 그림자를 벗고 온몸으로 흰빛을 받는다.

킬리만자로 산허리를 휘감고 있는 구름은 점점 붉은빛으로 물들어가고 태양은 그 찬란한 빛을 아프리카 대륙으로 뿌리고 있다.

순백의 빛이다. 생명의 빛이다.

태초에 빛이 있었나니 온 세상을 생명의 빛으로 덮이게 하소서.

모든 생명들이 소리쳐 깨어나 들판으로 강으로 바다로 큰소리치며 달려나가리이다.

우리 인간들 마음에도 자비의 빛을 주소서.

이웃은 물론 미물과 여린 새싹 하나라도 어여삐 여기는 따뜻한 마음으로 키워주소서. 그리하여 모두 함께 평화를 누리게 하소서.

살아 있음에 감사하며 즐거이 기쁨을 큰소리로 온몸으로 부르짖게 하소서.

엄홍길 대장이 말한다.

"저는 정상에 올랐을 때 자연과 하나가 되는 경험을 합니다. 자연에 순응하면서 말입니다. 산은 싸워서 이기는 상대가 아니라는 말입니다. 그리고 끊임없이 자연에 감사합니다."

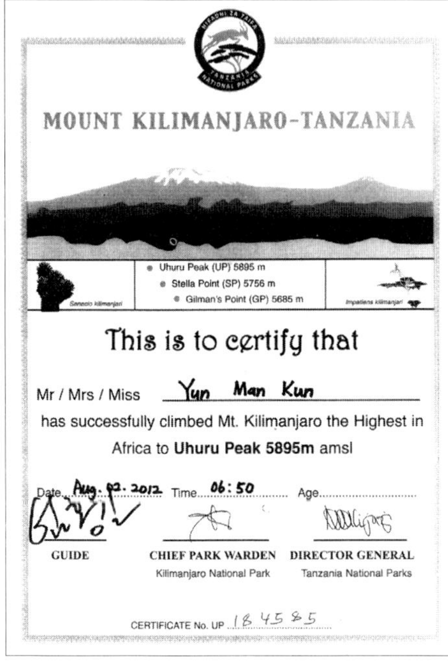

MOUNT KILIMANJARO-TANZANIA

- Uhuru Peak (UP) 5895 m
- Stella Point (SP) 5756 m
- Gilman's Point (GP) 5685 m

Senecio kilimanjari

Impatiens kilimanjari

This is to certify that

Mr / Mrs / Miss Yun Man Kun

has successfully climbed Mt. Kilimanjaro the Highest in Africa to **Uhuru Peak 5895m** amsl

Date Aug. 02. 2012 Time 06:50 Age

GUIDE

CHIEF PARK WARDEN
Kilimanjaro National Park

DIRECTOR GENERAL
Tanzania National Parks

CERTIFICATE No. UP 184585

킬리만자로 등반 성공 인증서

그렇다. 작년 히말라야의 안나푸르나에서 느꼈던 것처럼 아프리카 대륙의 최고봉 킬리만자로에 올라 이 거대한 자연 앞에서 인간은 미약한 존재일 뿐이라는 것을 다시 한 번 실감한다.

자연을 경외하며 아울러 침묵 속에 모든 것을 포용하는 킬리만자로의 그 큰마음을 닮으려 노력해야겠다. 무엇보다도 불굴의 의지와 뜨거운 열정으로 내 정신세계의 자유, 바로 무애(無涯)를 향한 나의 도전은 계속될 것이다.

킬리만자로! 그 정상에 서서 주위에 보이는 모든 것을 넘어 아프리카의 이 모든 땅을, 이 땅의 거친 숨결을 온몸으로 안는다.

가슴이, 머리가 용광로의 쇳물처럼 뜨거워진다.

– 2012년 8월 13일, 유만구

킬리만자로의 표범 V
(메아리가 된 나)

킬리만자로의 정상에서 헤밍웨이가 말한 만년설 속의 표범을 보았는가?

물론 표범은 없었지. 그러나 나는 표범의 무리를 보았다. 추위와 허기 속에서도 정상을 오르는 수많은 사람들이 바로 표범의 무리였다. 나 또한 추위와 졸음과 굶주림을 참는 그들 속의 고독한 표범이었다. 조용필 노래 가사처럼 '산정 높이 굶어서 얼어 죽는 눈 덮인 킬리만자로의 그 표범이고 싶다.' 허기진 채로 추위와 졸음 속에서 드디어 등정한 나는 아마 단독 등반이었다면 표범의 먹이 신세가 되었을 것이다.

왜 표범은 정상으로 올라왔을까? 먹이가 풍부하고 쉴 곳도 많은 그 사바나 평원을 두고 이 험한 길을 올라왔을까?

표범의 무리들은 왜 올라오는가?

일상의 안주에 머무르지 않고 변화를 추구하기 위하여 열정을 갖고 도전하는 삶은 아름답다.

물이 썩지 않으려면 흘러야 한다. 자기가 솟아난 곳에서 산속의 아늑한 개울물 웅덩이에 머무르지 않고 흐르고 흘러 강으로 바다로 가야만 한다. 인간도 마찬가지겠지.

자신이 태어난 고향에 사는 사람이 얼마나 되겠는가. 사람이 모여 사는 곳, 도시의 호화스러움과 냉혹한 모습 속에서 사람들은 눈에 보이는 것을 잡으러 불나방처럼 그들의 삶을 던지고 있다.

어느 순간 멈추어 서서 잃어버린 나를 찾지만 나는 군중이란 물결 속에 금세 휩쓸리고 만다. 나는 나를 찾으러 도시를 떠나 山으로 간다.

山에 오른나는 것은 자기를 찾는 길을 걷는 것. 그 어느 날 깊은 산속 어느 골짜기에서 山이 되어버린 나는 킬리만자로의 정상의 표범을 타고 아프리카의 메아리로 남아 있겠지.

이구아수 폭포
(Gataratas Iguazu)

2011년 가을, 워싱턴에 있는 큰아들 집에 1년 만에 들르니 어린 손자 두 녀석이 그간 많이 커서 대견했다.

손자들이 부르는 할머니, 할아버지 소리가 귀에 정답고 가까이 느껴지는 것은 핏줄과 나이 듦의 탓이리라.

아들 내외가 더 늙기 전 근력 있을 때 여행 다녀오라며 브라질의 이구아수 폭포 관광상품을 준비했다고 하기에 고마운 마음으로 성의를 받아들였다. 자식이 효도한다고 성의를 표하면 사양하지 말고 "고맙다" 하고 받아야 된다고 아내에게 평소에 말했었다.

5일간 일정으로 워싱턴의 덜레스 국제공항에서 브라질의 상파울루 공항까지 유나이티드 에어라인(UAL)으로 9시간 30분을 가서 그곳에서 국내선 TAM 항공으로 갈아타고 1시간 30분 걸려 브라질의 이구아수 공항에 도착했다. 공항에서 10여 분 떨어진 호텔에 여장을 풀었다.

다음 날 아르헨티나에 입국하여 이구아수 폭포 관광을 시작했다.

이구아수 강은 남미 마르 산맥에서 발원하여 브라질 남부를 관통하여 1,300km를 굽이쳐 흐른 다음, 아르헨티나와 브라질 및 파라과이의 접경 지점에서 폭포를 만들고 파라나 강과 합류한다.

세계 최대의 이구아수 폭포는 브라질과 아르헨티나 국경에 걸쳐 있으며, 원주민인 과라니족의 말로 Igu는 물, Azu는 장대한 것에 대한 감탄 소리로 '거대한 물'이란 뜻이다.

크고 작은 폭포 300여 개가 나이아가라 폭포의 4배인 폭 4km에 걸쳐 층을 이루어 최대 낙차 80m, 매초 65,000톤의 수량이 굉음을 내고 물보라를 일으키며 낙하하는 모습은 실로 장관이라 할 수 있다. 神이 만든 최대의 걸작품이란 찬사를 받고 있으며 그 경이로움과 아름다움으로 유네스코의 세계유산으로 등록되어 있다.

아르헨티나 사이트에 설치된 전망대에서 이구아수 폭포의 관광 하이라이트인 '악마의 목구멍(Garanta del Diablo)'을 바로 위에서 볼 수 있었다. 엄청난 수량으로 굉음과 함께 지축을 흔들며 무섭게 낙하하는 모습을 보노라니 바로 내 머리 위로 쏟아져 내리는 듯싶고 그 속으로 빨려 들어가는 착각에 두려움으로 몸이 얼 지경이었다.

왜 '악마의 목구멍'이라 이름 지었는지 궁금했었는데 보고 나니 이해가 되었다. 수사자떼의 으르렁거리는 소리는 이에 비하면 모깃소리에 불과하리라.

경이로움에 대한 감탄과 두려움에 이은 자연에 대한 경외심으로 물보라가 하늘 높이 튀면서 옷이 흠뻑 젖는 것도 잊은 채 눈을 뗄

수가 없었다. 악마의 목구멍 바닥은 엄청난 물이 낙하하면서 생긴 물보라로 보이지 않고, 눈을 조금 아래로 돌리면 급류가 소용돌이 치면서 흘러 내려가는데 만약 악마가 있다면 분노로 온몸을 떨며 절규하는 듯싶다.

계속 머물고 싶은 마음을 미련 속에 내려놓고 아르헨티나를 떠나 브라질로 재입국하였다. 브라질의 이구아수 국립공원에서 공원 전용 2층 버스를 타고 20분을 달려 분홍색 건물인 호텔 '트로피칼다스 가타리타스' 앞에 내렸다.

호텔 입구에서 시작되는 1.5km의 산책로를 걸어 길 중간쯤에 설치되어 있는 전망대에 서니 이구아수 폭포의 아름다운 전경을 볼 수 있었다.

탁 트인 시야에 층층이 층을 이루어 곳곳에서 낙하하는 폭포를 보노라니 이곳이 Grand Panorama라는 감탄이 절로 나오며 바로 선계(仙界)가 이런 곳이겠다는 생각이 든다.

미국과 캐나다 국경의 나이아가라 폭포(Niagara Falls)도 아름답고 스케일도 컸지만, 그 폭이 4배인 이구아수 폭포에 비할 바가 아니었다. 함께 간 아내가 앞으로는 '나이아절로가라' 폭포라고 불러야겠다고 할 정도였다.

우리나라의 제주도 천지연 폭포는 이곳 수많은 폭포 중 작은 폭포의 하나일 정도로 그 규모가 엄청나다. 이런 폭포가 우리나라에도 하나 있었으면 얼마나 좋을까 하는 아쉬움이 너무 컸다.

흔히 좋은 풍광을 보고 '百聞이 不如一見'이라 감탄을 하는데 이구아수 폭포의 절경은 내가 지금껏 본 경치 중 그 웅장함과 조화로움의 美가 지구 상의 자연경관 중 '군계일학(群鷄一鶴)'의 존재가 아닐까 싶었다.

브라질 사이트의 전망대에서 손을 뻗치면 닿을 수 있을 정도로 가까운 '플로리아노 폭포'를 보노라니 낙하하는 다갈색 물과 새하얀 물보라가 장관이었다.

폭포 가장자리에서 튀는 물줄기가 마치 크리스털을 쏟아붓는 것 같다며 아내는 머리와 옷이 젖는 것도 마다하지 않고 감탄과 탄성을 멈추지 못한다.

물보라에 색채도 선명하고 화려한 무지개가 작고 예쁜 다리를 놓아 폭포와 무지개를 보면서 참으로 아름답다는 생각에 입을 다물지 못하게 한다. 바로 내가 그 속에 있는 듯싶다. 그 속에서 옛날 무지개를 잡으러 뛰놀던 어린아이였던 나를 본다.

영국의 계관시인 윌리엄 워즈워스(William Wordsworth)의 시 '무지개'가 생각난다.

하늘의 무지개를 바라보면 내 마음은 뛰노나니
내 어렸을 적에도 그러했고
어른이 된 지금도 그러하네
나이가 들어서도 그러하길
아니면 죽는 게 나으리
어린이는 어른의 아버지

내 생애의 하루하루가
자연에의 경건으로 이루어지길!

이구아수 폭포를 보면서 그저 좋은 경관을 잘 보았다는 마음보다는 내 여생의 하루하루가 자연에 대한 경건함을 잃지 않고 겸손 속에서 소박하기를 빈다.

그리하여 앞으로 내 삶은 자연의 경이로움 앞에서 나의 정신의 순수함을 찾으면서 아마존의 원시림과 고원지대를 굽이쳐 흘러내리면서 드러내지 않고 풍요로움과 생명을 가져다주는 이구아수 강처럼 이 사회에서 그런 강물이 되고 싶다.

에게 해의 일출

(Voyage on Queen ELIZABETH Ⅰ)

퀸 엘리자베스(Queen ELIZABETH) 호는 총 톤 수 90,400톤, 전장 294m, 전폭 32m로 승객 2,092명을 수용할 수 있고, 승무원이 900명인 호화 거대 유람선이다. 2010년 10월 12일 첫 취항하였고 로비로부터 13층 규모이니 약 20층 아파트가 바다에 떠 있다 할 수 있겠다.

칠순을 맞이하여 두 아들들이 지중해 연안 크루즈 여행을 예약하고 권유하기에 사양하다 수락했다. 11월 17일 그리스 아테네에서 출발하여 어제저녁 사이프러스를 떠나 이집트의 알렉산드리아 항을 향해 항해 중이다.

8122호실에 붙은 테라스에 가운만 걸치고 일출을 보러 나왔다. 오전 6시 30분, 멀리 수평선의 짙은 구름을 뚫고 에게 해에서 해가 떠오른다. 하늘이 온통 붉게 물들어간다. 망망대해 바다 가운데서 보는 일출은 동해안 낙산사에서 보는 것과 달리 동쪽에서 서쪽 하늘까지 온통 붉은 물감을 파란 하늘 캔버스에 막 뿌려놓은 듯하다.

일출과 일몰의 광경을 한꺼번에 보는 듯 그 장관에 감탄하며 이 아름다운 지구를 더욱 소중히 여겨야겠다는 생각이 든다.

아내가 9층에 있는 식당 LIDO에서 가져온 모닝커피를 함께 마신다. 태블릿PC에서 나오는 When I Dream의 감미로운 음악을 들으며 에게 해의 일출을 보고 있노라니 참으로 행복하다는 느낌이 든다. 지나가는 배도 안 보이고 오직 하늘과 바다만 보일 뿐이다.

에게 해에서 바라본 하늘은 푸른빛 코발트색으로 고려청자의 영롱한 푸른색이 비색을 연상케 한다. 청자를 만든 고려의 도공들이 태초 하늘의 그 푸름을 청자에 구현하고자 하지 않았을까 생각하며 에게 해에서 바라본 새벽하늘의 순수하고 해맑은 푸름은 고려청자(청자상감운학문매병)를 닮은 듯하다.

바다와 새벽하늘을 보며 또한 지나온 세월을 본다. 기억의 아주 먼 곳에 침전되어 있던 실타래를 조금씩 당겨 본다. 숨 가쁘게 살아온, 살아가고 있는 인생길. 나는 무엇을 이루려고, 무엇을 남기려고 그 험한 고갯길을 넘어지고 다치며 그래도 다시 일어나 걸어왔던가.

두 아들과 그들의 가족이 지금 나의 보람이며 사랑하는 아내와 이처럼 크루즈 여행하는 것이 나에게는 과분한 행복이라고 생각한다. 더 이상 무엇을 바라며 이룬다는 것이 부질없겠다는 생각이 든다. 내게 바람이 있다면 우리 가족과 나를 아는 주위 사람들로부터 '좋은 사람'이라고 기억됐으면 하는 것이다.

그 기억도 세월과 함께 묻히겠지만 그래도 나 자신 돌아보며 성실 하나로 살아온 인생 크게 부끄럽지 않으면 되겠지 하고 자위해 본다. 내 힘으로 걸을 수 있을 때까지 힘들면 도중에 쉬엄쉬엄 쉬면서 그 길을 가리라 다짐해 본다.

삶의 종착역은 기억의 상실이겠지만 그래도 매일 매 순간 좋은 기억을 아름다운 추억을 쌓아가도록 일상의 삶 속에서 내일로 미루지 말고 오늘 더욱 노력해야겠다.

에게 해의 떠오르는 아침 해의 햇살이 너무나 따스하고 아름답게 느껴지는 아침이다. 오늘도 내일도 그리고 내 삶도 내 가족의 삶도 내 주의의 모든 사람들의 삶도 이처럼 따뜻하고 아름답기를 조그만 소리로 간절히 기도한다면 하느님께서 들어주시겠지.

– 2012년 11월 23일, 퀸 엘리자베스 호에서

지중해의 석양
(Voyage on Queen ELIZABETH Ⅱ)

퀸 엘리자베스 호는 애초 이탈리아 나폴리 항에 도착하여 소렌토와 폼페이 유적을 보는 일정이었지만, 세찬 바람과 거친 파도 때문에 항구에 정박하지 못하고 종착지인 로마로 직항 중이다.

지중해는 평소에 잔잔한 내해로 생각하였는데 바다는 온통 흰 물결로 그 성난 모습을 드러내놓고 세찬 바람으로 인하여 이 큰 배는 우현으로 조금 기울어진 상태에서 거친 파도를 헤치며 안간힘을 다하고 있다. 심한 흔들림으로 많은 사람들이 뱃멀미를 하고 있다. 11층 앞부분에 위치한 실내 전망대에서 지중해의 석양을 본다. 해 질 무렵의 정경은 어떠할지 궁금하다.

하늘에 짙게 퍼진 구름이 차츰 붉게 물들어가는데 푸른 바닷물과 어울려 깨끗하면서도 순수한 아름다움을 보여주고 있다. 해 질 무렵은 어딘가 조금은 쓸쓸하면서도 가라앉는 차분한 마음을 불러일으킨다.

저 멀리 수평선에 오늘의 태양이 바다 건너편으로 숨는다. 해는 보이지 않고 주의의 하늘이 진한 붉음과 밝음으로 너무나 아름답다.

우리의 인생도 해 질 무렵이면 이처럼 아름답겠지.

서정주 시인의 시 '저기 저기 저 가을 꽃자리 초록이 지쳐 단풍 드는데 눈이 내리면 어이 하리야 봄이 또 오면 어이 하리야…' 구절이 새삼 마음에 와 닿는 그런 저녁이다.

오늘처럼 배 안에만 있는 날은 그동안 바쁘게 살아온 나날을 차분히 뒤돌아보며 앞날의 설계도 해보면서 재충전의 시간을 갖는 것도 관광 못지않게 소중한 것이리라.

우리 삶에서 잠시 멈추면 비로소 보이는 것들이 어디 하나둘인가. '바쁘다'를 입게 달고 다니는 사람들 중에 나도 하나였다는 생각에 새삼 부끄러움이 앞선다.

내 삶에서 무엇 때문에 그리 바빴던가?
정말 바쁜 일들이 쌓여 있었던가?
바쁨 속에서 나를 잊고 살지는 아니하였던가?

시간은 다시 되돌릴 수 없는 것, 앞으로의 시간을 좀 더 소중히 여기며 잠시 잠시 자주 자주 멈추며 살아야겠다. 그리고 바쁘다며 무심히 흘려보내는 삶의 매 순간에서 가족과 주위 사람들에게 부드러운 미소와 아주 조그마한 기쁨이나 위안을 줄 수 있다면 그리고 무엇보다도 그들이 내 삶의 진정 귀한 존재임을 항상 잊지 않고 감사할 때 행복은 나와 함께 걸어가고 있겠지.

칠순이 되어서야 뒤늦게 조금씩 철이 들어가는 나는 그동안 '난 참 바보처럼 살았네요.'

– 2012년 11월 28일, 퀸 엘리자베스 호 전망대에서

트위터
(Twitter)

마 음

파란 하늘 보는 사람
푸른 마음을 지닌 사람
어려운 이웃에 남몰래 손잡아 주는 사람

***

희 망

가을 하늘은 푸르고
우리네 삶의 희망은
영글어 가네

미 소

좋은 봄날
연두색 나뭇잎이 눈부시네

나를 보는 사람
살랑이는 봄바람을 느끼며
살포시 미소 짓도록

내 마음에
봄의 색깔을 간직하여야겠네

***

좋은 날

바람 불어 좋은 날
따사한 햇볕은 마당에 머무네
감나무 푸른 잎이
수줍은 듯 흔들리며
그리운 님은
마음속에서 흔들리네

기 쁨

밝은 아침
밝은 마음

좋은 하루
세상엔 사랑

***

좋은 아침

가을 아침 햇살은
푸른 바다 파도처럼 흩어지네
황국은 즐겁게
노래 부르며,
대숲을 지나는 바람소리는
얼굴을 간지럽히며
모두를 사랑하라 하네

윤만근 동문편

감추어둔 듯 숨어 있는 듯한 곳을 보물찾기 하듯 찾아다니는 맛도 구경 못지않게 흥미진진하다.

워낙 길맹인 나로서는 가보지 못한 곳 찾는 것은 말할 나위 없고 한두 번 다녀온 곳도 헤매기가 일쑤이다 보니 그러다가 찾을 때의 반가움이라니, 어쩌다 곧바로 찾아가는 날은 내 자신이 신기할 정도다.

대로변에서 한 블록 건너 있는 A1(에이원 갤러리)는 그리 번화한 곳도 아니고 그렇다고 외진 곳도 아닌 동네 문화 공간으로서는 안성맞춤인 곳에 자리하고 있다. 알려준 대로 송파에 자리한 여성문화회관과 연결된 길이요, 때마침 동창들이 갤러리 앞에 모여 기념촬영을 하고 있을 때였으니 한눈에 알아볼 수밖에. 긴장한 것에 비해 싱겁게 찾았다.

양쪽으로 나뉜 전시장에는 각각 10여 점의 동양화가 은근한 조명을 받으며 걸려 있다. 동양화라면 산수화나 풍속화에 익숙해 있던 내 눈높이에 현대작품을 어떤 안목으로 감상해야 하는지 솔직히 자신이 없다. 고전미술에서부터 피카소 같은 현대미술에 이르기까지 서양화의 변천사가 있듯, 우리 동양화에도 그에 못지않은 변화의 모습이 있을 것이 분명하다.

이곳에 전시된 작품들은 현존하는 작가들의 그림일진대 최근의 동양화가 아닌가. 그러고 보면 옛 그림에 동화된 내 보잘것없는 식견으로 현을 이해하는 데는 이러한 갤러리가 제격이요 예서 듣고 보노라면 좋은 교육 현장이 되리라.

벅고사는 일에 급급했던 시절에야 갤러리가 무엇하는 곳인지도 몰랐고, 미술작품을 대하기란 기껏해야 국전 같은 문화행사장을 학생 때 단체 관람하는 정도가 아니었던가 싶다. 미술을 감상한다는 것은 그야말로 특별한 나라에 특별한 사람들의 일이려니 관심밖에 두었던 우리다.

어느 날 갑자기 우리도 특별한 나라로 탈바꿈하려는 반짝이는 모습이 이곳저곳에서 발견된다.

갤러리가 밀집한 인사동 일대는 문화의 거리로 탈바꿈하면서 외국인들에게는 관광코스로 일찌감치 자리매김하였고, 강남 일대의 갤러리들은 나름대로 특징을 갖고 고객을 불러보으기도 한다. 하기야 벽촌이었던 파주에 '헤이리 마을'이라는 문화 예술인들이 꾸며놓은 전시관을 둘러보노라면 세상이 참 많이 바뀌었구나, 하는 깨달음이 온다. 어디 그뿐이랴, 서울 전체를 디자인하여 문화도시로 탈바꿈하려는 비전은 참으로 신선한 충격이다.

동창 중 중고교 과정을 함께한 동문이 대부분이다. 하지만 중학교 혹은 고등학교만 함께 다닌 동문도 상당수여서 이렇게 생면부지 동창들의 만남은 참으로 우리만의 특별한 인연이기도 하다. 중학교만 함께 다닌 윤만근 동문과 고교 동기인 이제원 동문과의 인연이 바로 그런 경우로, 두 친구는 처음에 업무관계로 만났기에 어려운 사이였단다. 하지만 어느 날 같은 시기의 용산인이었다는 것이 확인되는 순간부터 '놈' 자로 트는 사이가 되었으니 업무야 물어보나 마나가 아니랴. 그 후 윤 동문은 동창들의 모임을 소상히 알게 되었고 스스럼없이 어울리게 되었다. 지금은 앞장서서 동창모임을 선도하는 동창회 부회장이요 모임마다 스폰서 역할도 하고 모임 주선에 마다치 않고 응하고 있다.

윤만근 동문의 글을 대할 때면 예술 쪽으로 폭이 넓고 전문인으로 깊이가 있음을 느낀다. 특히 음악은 현대와 고전, 동서양의 장르를 넘나들며 섭렵하려는 품격 있는 신사다.

갤러리를 열게 된 동기를 들어보니 전남대학 미술대학장을 지낸 동양화가인 누님의 권유가 있었단다. 좋은 길목이라 편의점 정도의 가게를 꾸며 세를 놓았더라면…. 좀 아까운 생각을 하는 무지의 사나이가 갤러리에 들어섰다. 오픈 세리머니가 끝나고 삼삼오오 둘러앉아 담소를 나누는 손님들은 언뜻 보아도 기품있는 화가들의 분위기이다. 그 틈에 끼어들어 소개하고 받기도 뭣하고 그런 용기도 없다 보니 그저 윤 동문의 누님이요 부인이구나 하고 짐작으로 끝낸다.

미술작품마다 조명을 설치하여 돋보이게 하였건만 무지한 백성이라 좋으면 얼마나 좋고 아니면 또 어떠하랴, 왔으면 구경하고 가는 것이 예의요 순서일진데 하나하나 눈여겨본다.

에이원 갤러리 개관 기념으로 열린 '1960년대 echo 전'은 현재 한국 화단의 중견작가들이 60년대에 출품한 명작만을 전시했다. 여기 윤 동문 부인의 대표 인사말을 소개한다.

〈봄〉

약동의 계절.

씨앗 뿌리는 기분으로 '1960년대 echo 전'을 마련하였습니다. '1960년대 echo 전'이 상징하는 의미는 현재에도 한국 화단에서 가장 왕성하게 활동하고 계시지만 60년대에 풋풋한 젊음으로 창작의 열정이 특출하고 미래가 점쳐졌던 분들을 기억하면서 혼란한 화단에 메아리가 되어주십사 하는 데 의의가 있습니다.

이번 전시를 기획하며 느낀 점은 작품을 보면 볼수록 정직한 아름다움과 담백하면서도 격조 높은 붓놀림에 깊은 감동을 받을 수 있었기에 21세기 문화 시대를 맞이하여 새로운 희망과 도약을 위해 큰 걸음이 되리라 사료됩니다.

에이원 갤러리를 단순히 전시 공간의 제공뿐만이 아니라 지방 작가들이나 혹은 마음이 허허로우면 오셔서 작업할 수 있는 조그만 공간(창작 스튜디오)도 따로 마련하였사오니 담소하며 봄의 향긋함에 어우러지시기를 바랍니다. 끝으로 훌륭한 작품을 출품하여 주신 전·현직 교수님들, 선정위원님들, 에이원 갤러리를 물심양면으로 도와주신 윤만근 사장님께 감사한 마음 전합니다. 많이 오셔서 격려해 주시고 후원해 주실 것을 부탁드립니다.

일전에 총동창회에서 산행 갈 때 작심하고 윤만근 동문을 붙잡고 가정사를 물었다.

거절하면 어쩌나 하고 조금은 마음을 졸였으나 옛날이야기 하듯 자신의 과거사를 술술 풀어놓았다. 6·25 전에 그의 부친은 용산구청장을 지내셨던 고급관리여서 비교적 안정된 생활을 했었으나 사업에 손을 대면서 급격하게 가산이 기울어 그 후유증이 컸던지 부친이 세상을 뜨시게 되었단다. 그 시절에는 굶지 않는 것만도 다행으로 여기던 때라 윤 동문이 중학교만 우리와 함께 다니고 국비생만 모이는 국립교통고등학교로 진학한 이유이기도 하다.

용산중학교에 입학하게 된 동기도 용산구에서 국회의원을 하고 장면 정부에서 내무부 차관을 지냈던 외삼촌(김원만)의 권유에 못 이겨 오게 되었단다. 하기야 재동초등학교에서 경기중학교에 못 가면 공부하는 축에도 못 끼던 명문(?)을 다녔다는데, 경기가 아니고 용산으로 오게 되어 외삼촌에 대한 원망도 있음 직하다.

학비에 대한 부담 때문이기도 하였지만 서울 공대에 합격하면 4년간 학비 지원제도가 있는 국립교통고등학교를 택하였던 모양이나 세상일을 어찌 장담하랴. 서울대학교 상대 입학시험에 낙방하자

추풍낙엽이 되어 국민대학교 경제학과(야간대학)에 적을 두고 생업의 길로 나서게 될 줄이야. 화가 복으로 굴러온 것은 1971년 포항제철에 입사하고부터였다.

제철소가 국제 규모로 커지면서 서울 등의 객지에서 몰려온 직원들의 숙소가 태부족일 수밖에. 바로 이때 윤만근 동문은 직원들의 숙소를 해결하는 담당자로서 건축은 물론 입주 전후 후속조치 등의 행정적인 뒷바라지도 모조리 도맡아서 했으니 포항제철의 직원과 그 가족 중 윤 동문을 모르는 이는 없었단다.

속된 말로 들기도 하고 날기도 하는 것이 돈이라 한다지만 사람이야 사귀기 나름이요 좋은 인연으로 평생 내왕할 수 있는 사이라면 그 가치를 어찌 돈으로 셈할 수 있으랴. 취직이 쉽지 않은 시절 국내 굴지의 포항제철에 입사할 수 있는 사원이라면 실력이 얼마나 쟁쟁한 인물들이었을까? 이런 엘리트들과의 교분은 그의 인생행로가 얼마나 탄탄하였을까를 짐작하고도 남음이 있다.

그가 서울에서 포철그룹 본부장을 마지막으로 퇴직하고 인천에 비철금속 총판점을 운영할 때도 그랬지만 지금의 사업을 하고 있는 것도 서로 좋은 인연으로 덕을 쌓은 결실이 아닌가 싶다.

포항제철 초기에 결혼하여 쌍둥이 아들을 얻었단다. 성대 국문과를 나와 국민은행에 근무할 당시 결혼했다는 부인, 갤러리 관장으로 그 능력을 평가하는데 인색하지 않는 것을 보면 상당한 수준의 실력자일 듯싶다. 30여 년의 직계 가족사에 어찌 묻고 싶은 말이 한두 가지라만 오늘처럼 바쁜 날 눈치도 없이 시간을 빼앗기가 뭣하여 인사도 나누지 못하였다. 다음날로 미루기로 하자.

쌍둥이 아들 중 큰아들은 서울대학교 물리학과를 졸업하고 미국 보스턴 대학교에서 석사, 박사학위를 취득하고 현재 미국 국립보건원에서 연구원으로 근무 중이며, 작은아들은 미국 하와이 주립대학교를 졸업하고 동대학원에서 박사학위를 취득하고, 뇌 분야 연구를 위하여 현재 미국 하와이 대학교 의과대학에 재학 중이다.

누이들이 일찍 미국으로 이민을 간 연유로 어머니도 미국 하와이에서 사시다가 돌아가셨다. 윤 동문 자신도 미국에서 생활할 요량으로 하와이에 거주하며 하와이 주립대학원을 1년간 다니기도 했으나 친구 없는 세상 무료하기도 하고 고국 생각도 간절하여 모든 것을 접고 귀국해 버렸단다.

이름처럼 그는 만 근쯤 나가는 듬직한 사나이다. 가볍게 처신을 하지 않는 그의 언동도 그렇거니와 두 팔을 벌려 모두를 껴안고 가려는 포용력도 믿음직하다. 반면에 그의 얼굴은 만 근과는 전혀 어울리지 않는 피에로 익살꾼처럼 언제나 만면의 웃음이 가득하다. 이 두 가지의 인물됨이 조화롭게 잘 어울린 사람이 바로 윤만근 동문이라는 생각에 우리 동창들은 별 이의가 없을 것이다.

* 이 글은 용산고 13회 동창회보 「송맥」 2008년 여름(49호)에 편집인 이진영 씨가 올린 글임.

촉촉한 삶

친구지만 스승 같아 친구 보고 배운다
친구를 닮아 보려 흉내 내며 깨우친다
후배가 선배 같아서 스스로를 비춰본다.

스승이 형님 같아 형님이라 부르기도
친근해 허물없이 나오는 말 못 막았다
예의를 허물었지만 훈훈함이 차올랐다.

친구에게 스승되고 제자에게 형님 되는
말 없는 존경심이 우러나는 촉촉한 삶
그윽이 신지 깊은 속맘 추위마저 녹인다.

* 이 글은 용산고 13회 카페 '메기의 동산'에 2009. 7. 18 청양 이용식 시인이 올린 글임.

2부 / 아버지의 축구공

尹是中 · 尹思中

아버지의 환갑을 맞이하여 어머니와 함께
감사의 마음으로 글을 모았다.
이 프로젝트는 1년 전부터 기획하였고
틈틈이 집필하며 모으고 골라낸 글이다.
처음에는 아버지의 이런저런 생활 속의 모습과
거기에서 우리가 배운 점들을 써나가려 했지만,
아버지께서 우리에게 주신 가르침과 아버지의 참마음을 알기엔
아직 부족함을 느끼고 또 아버지가 말씀하신 의미들을
한정된 설명형의 느낌으로만 규정하고 싶지 않아서
전체적인 주제로 이미지의 형상화를 택하였다.
아버지의 축구공이야말로 아버지의 평소 생활 철학을 요약하는
상징적인 의미가 있음을 깨닫고
그 이미지에 빗대어 대한민국의 한 아버지로서, 또 남편으로서,
그리고 사회인으로서 여러 어려운 시절을 겪고 이겨내신
아버지의 모습을 자랑스럽게 표현하고자 한다.

아버지의 축구공

尹思中

아버지께서 60세 되시던 어느 여름날 한국에 들렀다. 오랜만에 아버지와 함께하는 것이라 아버지께서는 우리나라를 보는 것이 의미 있고 중요하다며 국토 여행을 떠나자고 하셨다.

우선 한국 운전면허증을 받고 아버지와 여행을 떠났다. 서울에서 출발하여 서해안의 태안반도로 간 다음 전라도 광주, 지리산, 포항, 동해안을 따라 오다가 다시 서울로 오는 여행 코스였다.

여행의 테마는 명산과 유명한 사찰 탐방이었다. 지리산 화엄사, 설악산 신흥사, 내장산(백암산) 백양사, 경남 합천 해인사 등의 9개 사찰을 2주에 걸쳐서 다녀왔다. 그런데 여행의 백미는 돌아오는 길에 만난 아버지 친구분들께 받은 느낌이었다.

여행 도중에 포항에서 아버지 친구분들을 뵈었다. 아버지는 처음에 친구분들께 전화하는 것을 망설이셨다. 나중에 그분들을 뵙고 느낀 것이지만 아버지께서 망설이실 만도 했다. 친구에게 연락하는 것이 어려웠던 것이 아니라 친구들이 너무 잘해 줄 것을 알기 때문에 그분들의 일상에 방해가 될까 봐 망설이셨던 것 같다.

아버지는 점심식사만 하고 가자시며 친구인 황종현 사장님께 간다는 전화를 한 통하셨다. 1시간 후에 우리가 그분 사무실에 도착했을 때 아버지 선후배, 친구분 등 일곱 분이 모여 계셨다.

내가 미국에서 친구들을 보려면 며칠 전에 미리 시간이 있는지 체크하고 만날 수 있는 시간만큼만 만난다. 그래서 처음에 그분들이 어떤 모임이 있었는데 마침 우리가 우연히 그 시간에 맞춰 간 줄 알았다. 대화하시는 내용 중 사업에 대한 것들도 있어서 모두 바쁘신 것 같았는데 아버지가 오신다고 일부러 모이신 거였다.

포항 물회를 먹으러 가자고 하셔서 함께 바닷가로 갔다. 그리고 어떤 분은 우리와 함께 여행하기 위해 일을 마치신 뒤 서울에서 포항으로 비행기를 타고 오셨다. 모이신 분들 모두 아버지께서 젊은 시절 포항제철 축구단에서 주무로 일하셨을 때 선수셨거나 축구단과 관계된 분들이었다.

포항 호미곶에서 저녁식사까지 함께하면서 아버지 친구분들로부터 아버지가 그동안 말씀하지 않으셨던 여러 이야기를 들을 수 있었다.

아버지, 어머니 결혼식에 선수단이 선물하려고 하자 아버지는 세탁기나 가구 등의 선물을 마다하고 대신에 축구공에 각 선수가 사인한 공을 선물로 부탁하셨다고 한다. 사실 아버지는 그 공을 소중히 간직하셨다.

그러한 사연을 모르는 우리가 그 공으로 축구를 하려고 할 때 아버지는 다른 축구공을 찾아주시며 그 공은 가지고 노는 것이 아니라고 말씀하셨다. 공은 가지고 놀라고 만든 것이 아닌가, 잠시 의아해했지만 아무튼 다른 공으로 놀았던 기억이 있다.

친구분께서는 그런 아버지의 청렴함과 정직함을 옛날 이야기들을 통해서 알려주셨다. 포항제철 축구단에도 가보았는데 입구에 사인 볼이 있었다. 그런데 거기에 있는 최초의 사인 볼보다 아버지가 갖고 계신 사인 볼이 더 오래되었고 더욱이 선수 전원이 사인한 볼은 아버지의 공보다 10년이나 지난 후 사인한 것이었다. 한 친구(박수일, 축구 국가대표 출신)분은 아마 그 공이 우리나라 축구단 사인 볼 중에 가장 오래된 것일 거라며 그때는 사인 볼이라는 것이 거의 없었다고 알려주셨다.

여행 후 돌아오는 길에 아버지는 그 사인 볼이 아버지 어머니의 소중한 추억이 되는 선물이긴 하지만 나중에 일반 사람들이 볼 수 있도록 포스코 구단에 기증할 생각이라고 하셨다.

아버지가 포항에 온다고 하시던 일을 제쳐놓고 아버지를 보기 위해 오신 친구분들, 그리고 그분들의 대화 속에 담겨 있는 우정을 생각해 보면 아버지는 참 부자시다.

하루는 아버지께서 이런 말씀을 하셨다.

"아버지는 참 행복하다. 너희 엄마가 있고 너희들이 건강히 잘 커주고 또 힘들 때 함께할 수 있는 좋은 친구들이 있으니 말이다."

나는 아버지의 그 말씀에 대해 이렇게 생각한다.

'그렇다!'

아버지의 눈물과 술, 그리고 담배

尹思中

제목이 아버지의 눈물이지만 사실 나는 아버지께서 눈물 흘리시는 것을 한 번도 본 적이 없다.

아버지께 힘든 일이 없었냐 하면 오히려 그 반대다. 6·25를 겪은 세대로서 어떻게 힘든 일이 하나도 없을 수 있겠는가? 물론 나는 잘 알지 못한다. 하지만 이건 안다. 아버지께서는 어떤 상황에 처하셔도 견디고 극복하신다는 것을 말이다.

지금까지 아버지께 가장 많이 들은 이야기 중 첫 번째는 아버지의 마라톤 이야기이고 두 번째는 도전하라는 이야기일 것이다.

아버지는 20대 초반에 동아국제마라톤에 출전하셨다고 한다. 힘들고 발이 부르트면서도 끝까지 해내셨다는 이야기는 형이 춘천마라톤을, 그리고 내가 호놀룰루 마라톤과 그리스에서 마라톤을 뛰게 한 영양제가 된 것 같다.

아버지께서 마라톤 애기를 하실 때면 그 옆에 항상 맥주와 멸치,

그리고 고추장이 있었던 기억도 난다. 덕분에 우리도 칼슘을 많이 섭취할 수 있었다.

나중에 고모님께 들은 이야기에 의하면, 고모님 두 분은 마라톤을 마친 아버지의 다리를 주무르느라 힘들었다는데 단순한 농담이셨는지 아닌지 그 사실의 진위는 알 길이 없지만 아버지는 우리에게 단 한 번도 당신의 다리를 주무르라고 시키신 적이 없는 것은 기억한다. 우리를 그렇게 끔찍이 아끼셨나 보다.

하긴 아낀 것으로 얘기하자면 어머니를 따라갈 사람이 없겠지만. 참고로 어머니는 우리 형제가 애기 때 어머니 친구들이 만지려 하면 꼭 비누로 손 씻고 오도록 했다고 한다.

마라톤을 뛸 때 아버지 생각이 많이 났다. 하긴 뛰어보신 아버지도 아시겠지만 좀 더 정확히 표현하자면 마라톤을 시작하고 한 시간 정도에 아버지 생각이 많이 났다고 해야 옳겠다. 그 이후에는 힘들어서 멍한 상태로 뛰었다. 어쨌든 '인생은 자신과의 도전'이라는 아버지의 철학을 받아들이고 느끼는 시간이었다.

아버지는 힘든 일을 많이 겪으셨는데 결코 힘든 내색을 하지 않으셨다. 우리가 어릴 때 가끔 술 한잔 드시고 집에 오실 때면 우리에게 코 뽀뽀하사고 하셨는데 우리는 아버지의 수염이 따갑고 밖에서 들어오시는 아버지의 살갗이 차가워 피해 다녔었다.

보통 이런 땐 형과 호흡이 잘 맞았는데 우리는 양쪽으로 분산작전을 피며 피해 다녔다. 그런데 이런 걸 바로 '독 안에 든 쥐'라고 표현해야 하지 않을까? 결국은 아버지에게 잡혀서 코 뽀뽀를 하고 한

두 번 레슬링을 하곤 했다.

초등학교 4학년 때 나보다 한 20kg은 더 나가는 아이와 씨름을 한 적이 있다. 그런데 그 아이한테 이긴 걸 보면 아마도 그때 레슬링으로 단련된 솜씨가 기초가 되지 않았나 싶다. 물론 아버지와의 레슬링이 자주 있던 일은 아니었고 그냥 폼만 잡다가 끝나기 일쑤지만 말이다.

작년, 60세가 되신 아버지께 비로소 그 이유를 여쭤보았다. 아버지와 함께 여행하며 변산반도 주변을 운전하고 있던 때였던 것으로 기억한다.

"아버지, 어렸을 때 코 뽀뽀 때문에 저희 코가 여기 산들처럼 납작해진 거 아세요?"

"……"

"가끔 술 드시고 오시면 그러시곤 했는데, 요즘은 술 잘 안 하세요?"

그러자 아버지는 "예전에 술을 마셨던 건 회사에서 받는 스트레스를 술로 풀고 집에는 즐거운 모습으로 들어가고 싶었기 때문이었다"라고 말씀하셨다.

그래, 아버지는 회사에서 기분 안 좋은 일들이 있을 때면 일단 집 근처까지 오신 다음 술을 드시고 집에는 새로운 기분으로 들어오신 거였다. 나는 술을 안 마시니 잘은 모르지만 아마도 아버지는 술이 적당히 취하시면 아이들과 오붓한 시간을 보내고 싶으셨던 것 같다. 요즘에는 키스를 하겠지만, 그보다는 정도가 좀 덜한 코 뽀뽀라는 방식을 개발하셔서 부정(父情)의 표현방식으로 사용하셨다는 사실을 깨달을 수 있었다.

하여튼 아버지는 어려움이 있으셔도 결코 밖으로 드러내지 않으셨다. 심지어 형과 내가 함께 뇌막염에 걸려서 방지거병원에 두 달간 입원했을 때에도 아버지는 겉으로는 눈 하나 깜짝 안 하셨다. 하지만 미루어 보건데 그 일로 아마 아버지는 칼슘을 과다 섭취하셨을 것 같다.

아버지에게 또 다른 힘들었던 일이라면 아버지의 실직기간을 들 수 있다. 아버지는 70년대 초반 포항제철에 입사하신 후 25년 정도 계속 직장생활을 하셨다. 그런데 정년을 몇 년 앞두고 직장을 그만두신 후 사업을 시작하셨다. 하지만 IMF를 맞아 아버지는 사업을 접고 내가 있던 하와이로 오셨다. 난 그 당시 하와이 대학에서 수업을 들으며 근처의 전문대학에서 파트타임으로 수학을 가르치고 있었다.

하와이에 오신 후 생각이 많으신지 얼마 동안은 담배를 참 많이 피우셨다. 그러던 어느 날, 담배를 그만 피우겠다고 말씀하셨는데 그냥 대수롭지 않게 생각하고 넘어갔었다. 어린시절부터 그때까지 단 하루도 담배 안 피우시는 모습을 본 적이 없었기에—어렸을 때 아버지 심부름이라고는 담배 사오는 일밖에 기억이 나지 않을 정도로 아버지는 담배를 많이 피우셨다—그리 긍정적으로 생각하지 않았다. 물론 아버지의 의지력이 강하다는 것은 알고 있었지만 그래도 담배는 중독성이 있기에 그리 큰 기대는 하지 않았는데 아버지께서는 그날로 담배를 끊으셨다.

워낙 어렸을 때부터 담배 피우시는 아버지 모습을 봐와서 그런지 담배 안 피우시는 아버지의 모습은 처음에 상상하기도 어려웠고 또 어색하기도 했다.

아버지께서 담배를 끊으시게 된 동기는 이랬다. 어느 날 아버지는 내가 전문대학에서 수학을 가르치며 받는 액수가 한 시간당 6~7달러 정도라는 걸 알게 되셨다. 미국은 담뱃값이 비싸서 한 갑에 5~6달러 정도 한다. 물론 내가 콩알만큼 버는 돈으로 생활비를 대는 것은 아니었지만 그래도 실직한 상황에서 내가 한 시간 열심히 일해서 번 만큼을 담배 한 갑으로 날려 보내기가 너무 안타까우셨다고 한다.

지금도 담배만 보면 아버지 생각이 많이 난다. 예전의 담배 피우시던 모습이 아니라 아버지 자신이 가장 힘들 때, 아주 조그마한 위안인 담배 한 개비가 삶의 유일한 낙이었을 때 담배를 끊기 위해 사탕 등을 드시며 자신을 컨트롤하던 그 모습, 특히 그 모습 속에 담겨 있는 아들을 아끼는 아버지의 마음을 생각한다.

아버지와의 산행을 통해 배운 삶의 지혜

尹思中

아버지는 산을 참 좋아하신다. 포항제철에 입사하셨을 때 산악회를 처음 조직하셨다는 얘기를 들은 적도 있고, 집에 등산 관련 서적도 여러 권 있어서 초등학교 때 집에 있는 책 중에 『히말라야 등정기』 등을 읽은 기억이 난다.

실제로 아버지께서 히말라야에 가시려다 회사 스케줄 때문에 가지 못하셨다는 사실을 얼마 전 형이 인도(네팔 근처 지방)에 가면서 에베레스트 산을 등산해 보겠다고 할 때 알았다.

우리 형제가 관심 있고 열정이 생기는 일들 대부분이 아버지, 어머니께서 젊으셨을 때 해보셨거나 흥미있어 했던 일들이라는 것이 신기하게 느껴진다. 아마도 아버지, 어머니 유전자에 어떤 형태로든 기록이 되어 있었나 보다.

등산하는 동안 아무 말씀을 안 하셔도 나는 아버지께 인생을 배운다. 요즘도 기회가 되면 아버지와 함께 하이킹을 다니곤 한다.

아버지와 산에 갈 때마다 들리는 아버지의 묵직하고 규칙적인 발소리는 아버지의 가치관을 그대로 표현해 준다. 아버지는 오버 페이스로 너무 빨리 걷지도 않으시고 항상 일정한 속도로 잘 쉬지도 않으시며 한 시간이건 두 시간이건 올라가신다. 한 발 한 발 지속적으로 움직이는 소리는 내게 마치 자연의 일부처럼 들리곤 한다.

성실함, 여기에 대해선 아버지께 아직도 배울 점이 많다. 우리가 어렸을 때는 그렇게 천천히, 또 경사가 높거나 낮음에 관계없이 일정한 속도로 올라오시는 아버지께 장난치느라고 저만큼 빨리 뛰어올라가서 형과 함께 "아버지, 빨리 오세요" 하고 외치곤 했었다.

그런데 지금은 어느덧 나도 형도 등산하는 스타일이 아버지처럼 바뀌었다. 그런 사람들은 어떤 일이 힘들다고 포기하거나 좌절하지 않으며 처음과 같은 속도를 유지하며 정상까지 올라간다.

내가 한창 사춘기를 겪고 있던 고등학교 2학년 때 아버지는 나만 데리고 설악산으로 등산을 가셨다. 그 이후론 다시 설악산을 가보지 못했지만 만일 나중에 한국에 가면 가장 해보고 싶은 일이 설악산 등산이다. 그동안 알프스도 등산해 보고 또 미국의 여러 산을 타보았지만 아직 설악산만큼 정이 드는 곳이 없는 것은 아마도 그때 느낀 아버지의 정(父情) 때문일 것이다.

설악산 등반 도중에 길을 잘못 들어서 칠선골이라는 골짜기로 들어갔다. 해가 질 때까지 세 시간을 헤맨 뒤에야 다시 돌아나올 수 있었다. 그때 느낀 '잘못한 일은 그 잘못한 부분부터 다시 풀어야 한다'는 교훈은 내게 아직도 뚜렷이 남아 있다. 이런 생각들은 어떤 일들이 잘 풀리지 않을 때 '일이 참 안 풀리네. 왜 이리 운이 없을까?'가 아니라 '어디가 잘못되었을까? 그 문제점을 찾아 해결해 보자' 하는 삶의 자세를 가르쳐주었다.

아버지께 감사드리는 것들과 아버지께 배운 인생의 교훈

尹是中

아버지의 환갑을 축하드리며 이 글을 씁니다.

아버지는 저희 잘되라고 좋은 말씀을 많이 해주셨습니다. 그런데 아쉽게도 제가 아버지께 들은 좋은 말씀들은 잘 기억이 나지 않습니다. 그 대신 아버지께서 몸소 보여주신 삶의 모습들은 가슴속 깊이 남아 있습니다. 그래서 제가 아버지의 삶으로, 행동으로부터 배운 것들을 적어보고자 합니다.

1. 사랑

작년에 한국에 올 때였습니다. 그 당시 아버지가 만 60세, 제가 만 26세였습니다. 공항에서 짐을 찾을 때였습니다. 컨베이어 벨트를 돌아나오는 짐들 중에서 유독 커다란 우리의 짐 두 개가 눈에 띄었습니다. 그때 아버지는 갑자기 그쪽으로 가시더니 짐을 혼자 들어내려고 하셨습니다. 제가 그쪽으로 뛰어가자 아버지는 "괜찮다. 저기서 저것 좀 챙기고 있어라" 하고 말씀하셨습니다.

초등학교 시절 스키장에 갈 때 아버지는 스키 두 개와 아버지 스키를 양어깨에 지고 가셨습니다. 그리고 어려서 지곤 했던 쌀 몇 말에 비하면 아무것도 아니라고 하셨죠.

아버지가 저희에게 왜 가난한 사람들과 불쌍한 이웃을 도와야 하는지에 대해서 말씀하셨던 기억은 없습니다. 그러나 아버지는 회사 내에 소년소녀 가장을 위한 후원회를 만드셨고, 매년 고아원에 방문하신다는 것을 알고 있습니다.

아버지는 저희에게 주일미사를 빠지면 꼭 고백성사를 보아야 한다는 것과 같은 것들은 가르쳐주지 않으셨습니다. 그러나 저는 왜 하느님을 아버지로, 하느님의 사랑을 아버지의 사랑에 비유하는지를 이해하게 되었습니다.

2. 인내

살다 보면 화가 나거나 짜증이 나는 일이 한두 가지가 아닙니다. 특히 가까이 있는 사람일수록 접촉 기회가 많으므로 더 소중한 것을 알지만, 더 자주 화를 내게 됩니다. 어떤 이유로든 화가 날 때면 아버지를 생각해 봅니다. 저희가 무슨 잘못을 했을 때 아버지는 바로 그 자리에서 화를 내시기보다는 항상 하루 정도 뒤에 말씀하시곤 하셨지요. 왜냐하면 바로 그 자리에서 말하게 되면 특히 화가 나 있는 경우에는 그런 자신의 감정에 휩쓸려버리게 된다고 말씀해 주셨던 기억이 납니다. 그래서 저도 화나는 일이 있으면 하루 정도 참아보고 그 다음 날 말하려고 노력합니다.

그런데 항상 느끼는 것이지만 자신의 감정을 단 하루 정도 참는 것이 왜 그렇게 힘든지요. 그렇지만 하루를 참고 나면 마치 마술처럼 어떻게 해서 상황이 그렇게 전개되었는지 이해가 되고 불필요하게 화내는 일이 줄어듭니다. 사실 화가 나는 것은 어떤 문제가 있기 때문인데, 중요한 것은 그 문제를 해결하는 것이지 화를 내는 것이 아니기 때문입니다. 그렇지만 어떤 경우에는 문제 자체가 해결되는 성질의 것이 아닌 경우도 있기에 인생은 그리 단순하지만은 않은 것 같습니다.

3. 용기

흔히 용감한 사람의 이미지를 말해 보라고 하면 불리한 상황에서 테러리스트와 맞서는 영화 속의 아널드 슈워제네거 또는 브루스 윌리스의 이미지를 종종 이야기합니다. 또는 에베레스트에 오르는 것 같은 대단한 도전을 하는 사람이 용기 있다고 합니다.

그렇지만 저는 다르게 대답하고 싶습니다. 진정으로 용기 있는 자는 자기 자신의 양심의 목소리에 따라 행동하는 사람이라고.

아버지께서 저에게 말씀하셨던 것 중에 가장 기억에 남는 말을 단 하나만 뽑으라면 “나는 너희에게 그렇게 큰 것을(막대한 재산) 해주지는 못했다. 그렇지만 너희 앞에서 떳떳하게 이야기할 수 있는 것은 너희가 나로 인해 다른 사람으로부터 손가락질받을 만한 일은 지금까지 한 적이 없다는 것이다."

신문에 보면 한때 존경받던 사람이 뇌물수수 등의 혐의로 기소되는 경우가 있습니다. 그러면 그 사람은 결코 그 혐의가 사실이 아니라고 이야기합니다. 지금까지 그가 보여준 외적 모습을 볼 때 그 사람이 혐의가 사실이 아니라고 이야기하면 진짜로 그 사람이 모함을 받아서 그렇게 된 것같이 생각됩니다. 하지만 대부분의 경우 체계적인 조사가 이루어지면 물증 등으로 그 사람의 거짓말이 드러나는 경우가 대부분입니다. 그러면 저는 다시 한 번 이 세상에 믿거나 존경할 만한 사람이 정말 별로 없다는 생각을 하게 됩니다.

아버지께서 포철에 오래 근무하셨기 때문에 제 친구 아버지 중에 포철에 다니신 분이 계시다는 이야기를 들으면 친구를 통해 간접적으로 아버지를 아는지 물어봅니다. 그때 제가 친구들에게서 들은 공통된 대답은 "응 알지. 그 사람, 참 훌륭한 사람이지"입니다. 저는 친구에게 아버지가 포철에 오래 다니셨으니 아실 수도 있겠다는 생각에 물어본 것뿐인데 친구 아버지는 안다, 모른다가 아니라 아버지의 성품을 칭찬하시니 객관적으로 아버지는 적어도 손가락질 받을 일은 안 하고 사셨다는 것이 증명되는 것이 아닐까요.

만약 아버지가 손가락질받을 만한 일을 하고 사셨으면 친구 아버지께서 "그래, 그 사람과 포철에 같이 있었지" 하고 대답했겠지요.

제가 아버지 나이가 되었을 때 자녀 앞에서 양심에 떳떳할 수 있다면 얼마나 좋을까요? 그 오랜 세월 동안 유혹도 많았을 테고 양심대로 살기 어려운 때가 한두 번이 아니었을 텐데 말입니다. 아버지의 용기와 인생의 모습을 진심으로 존경합니다.

4. 물리학

고등학교 3학년 11월 정도였던 것 같습니다. 유성우가 쏟아질 것으로 예측되는 날 저녁이었습니다. 그때 아버지께 그 사실을 말씀드렸더니 자정 때쯤 가족과 함께 가자고 하셨던 기억이 납니다. 이때 대학입시를 얼마 남겨두지 않은 시점에서 공부나 하라고 말씀하시지 않고 저희 바람을 들어주셨던 것에 감사하는 마음을 가지고 있습니다. 그러고 보니 아버지로부터 "공부나 하라"는 말씀을 들은 적이 없습니다.

제가 부모님께 특히 감사드리는 것은 어릴 적 누구나 가지는 자연에 대한 호기심을 키워주신 것입니다. 물론 아버지, 어머니는 물리학자도 아니고 생물학자도 아니었기에 저희의 모든 질문에 과학적 대답으로 저희의 궁금증을 풀어주지는 못하셨습니다. 그렇지만 그것보다 더 소중한 것들을 배웠습니다. 어떻게 그 문제에 다가가야 하는지 말입니다.

만약 아버지가 물리학자였다면 제가 생각해 낸 질문마다 척척 대답해 주셨겠지요. 그러면 저는 지식을 늘릴 수 있어도 스스로 문제를 풀어가는 능력은 배울 수 없었을 것입니다. 연구를 하게 되면 아무리 아버지가 세계적인 물리학자라 해도 대답 못하는 질문들이 많아질 터인데 그때가 되면 더 이상 아버지의 대답에 의존할 수 없다는 것을 깨달을 것이고 그동안 스스로 문제를 풀어가는 방법을 배우지 못했다면 결코 좋은 연구자는 될 수 없겠지요. 이것이 우리나라 교육의 맹점 중의 하나인 것 같습니다.

제가 아버지께 배운 자연에 대한 첫째 교훈은 자연은 제가 생각하는 것보다 대단하다는 것입니다. 초등학교 6학년 때 제주도에 함께 놀러 갔을 때 슈뇌르켈팅을 했습니다. 가장 놀랐던 것은 우리가 일반적으로 먹는 멸치가 생각보다 훨씬 컸다는 것과 적절한 도구가 없으면 멸치 한 마리 잡는 것이 결코 쉬운 일이 아니라는 것입니다.

그때 말로만 듣던 은하수를 처음 보았는데 아버지는 그것이 별들이라고 말씀해 주셨습니다. 태양만 한 별들이 그렇게 많이 분포해 있다고 생각하니 우주라는 공간이 얼마나 넓은지에 대해서 생각해 보았던 기억이 납니다.

자연에 대한 둘째 교훈은 잘 모르는 것이 있다면 마음속에 계속 지니고 있으면서 쉽게 포기하지 말라는 것입니다.

그때(초등학교 6학년 제주도에 갔을 때) 제가 두 가지를 질문했던 기억이 납니다. 하나는 촛불의 불꽃은 왜 항상 위로 향하는가, 그리고 또 하나는 바닷속 모래 모양이 파도 형상처럼 언덕과 골이 반복되어 있는데 왜 그렇고 이 현상은 구름이 가끔 이렇게 배열될 때와 연관성이 있는지였습니다.

촛불의 불꽃이 왜 위를 향하는지에 대해서는 아버지가 힌트를 주셨던 것 같습니다. 공기를 생각해 보라는 것 같은데, 아마 이때 밀도의 개념에 대해서 모르고 있었기 때문에 그 자리에서 촛농이 기체로 바뀌고 촛농의 기체가 공기보다 밀도가 작으므로 위로 올라가게 된다고 바로 설명해 주셨으면 아마 피상적 이해에 만족해 버렸을 것입니다. 그런데 노트에 적어서 계속 연구해 보라는 말씀에 그 뒤 한 2~3년 정도 열심히 생각했던 기억이 납니다. 마침내 중3때쯤 그 해답을 스스로 알게 되었습니다. 그리고 두 번째 질문, 바닷속 모래가 왜 그런 모습을 띠는지는 아직도 정확히 모르겠습니다. 하지만 언젠가는 이해할 수 있겠지요.

요즈음 연구할 때 비슷한 기분이 많이 듭니다. 이 세상에 아직 풀지 못한 문제들이 수없이 많습니다. 저는 예전의 그때처럼 마음속에 문제들을 넣은 채 계속 생각해 봅니다. 제가 모든 문제를 풀 수는 없지만 적어도 몇 개는 이해할 수 있으리라 기대하면서 오늘도 노력하고 있습니다.

자연에 대한 셋째 교훈은 책을 많이 읽어 다양한 의견을 접하라는 것입니다. 아버지는 요즘에도 비행기를 타실 때 항상 책 3~4권은 가지고 다니시면서 읽으십니다. 가끔 아버지가 사 놓으셨던 책들을 읽다 보면 같은 주제에 의견이 다른 책들도 있습니다. 한 주제에 다양한 의견을 접하는 것이 독단이나 독선에 빠지는 것을 막아주는 것 같습니다. 꼭 과학이 아니라 인생에서도 말입니다.

중고등학교 때 집 근처에 있던 한 서점에 부모님께서 10만 원에서 20만 원 정도 미리 지불해 놓으셔서 읽고 싶은 책은 마음대로 사서 읽을 수 있었습니다. 이렇게 책을 가까이할 수 있었던 환경이 깊은 생각을 할 수 있는 원동력이 아니었나 싶습니다.

이제 저는 연구를 시작하는 길에 들어섰습니다. 제가 좋아하는 것을 마음껏 할 수 있도록 뒷받침해 주신 아버지께 감사드립니다. 아버지께 직접 도움이 되지 않더라도 이 세상 사람들에게 도움이 될 수 있는 연구를 하고 싶습니다.

어머니가 아버지께 보내는 편지글 모음

김화숙

〈1〉

길가에 피는 코스모스가 그리운 계절입니다. 국화 향기 가득한 찻집에서 당신과 함께 커피를 마시고 싶습니다.

어제는 하버드 교정에서 고운 단풍을 모아 책갈피에 끼워두었습니다. 쪽빛 하늘 아래로 아름다운 색깔을 자랑하면서 파란 잔디 위에 살포시 앉아 있는 이파리들은 황홀하리만치 고운 모습들이었답니다.

싱그러운 바람이 불어왔습니다. 곱게 물들어가는 이파리들이 살랑살랑 춤추며 떨어지는 모습을 보면서 혼자 커피를 마시며, 가을의 향기와 커피 향과 낙엽들의 향연을 즐겼습니다.

학교에서 돌아오는 길에 찰스 강변을 걸어왔습니다. 아카시아 이

파리들이 노랗게 물들어가고 있는 벤치에 앉아 당신을 그려보았습니다. 강 건너편 MIT 쪽 나무들은 온통 빨간 가을이네요. 강 위에는 하얀 돛을 올린 배들이 그림처럼 떠가고, 많은 사람들은 또 열심히 뛰고 있었어요.

놀이터에서 그네를 한 번 타 보았습니다. 강 쪽으로 힘껏 밀어 올라가 봅니다. 혹시나 당신이 보일까 하면서….

햇빛을 많이 받은 나무는 단풍 꽃을 피우고, 그 사이 사이로 보이는 맑은 푸른 하늘과 하얀 구름은 어린 날 꿈꾸던 동화 속의 한 장면처럼 보였습니다.

낙엽이 수북이 쌓인 곳을 사각거리는 소리를 들으며 걸어봅니다. 역시 보스턴의 가을은 아름답다고 칭찬할 만하네요. 강변을 끼고 지하철을 타면 멋진 가을의 장면들을 많이 본답니다.

New Ton 근처의 호수 기억나세요?

곱게 단풍이 물들어가는 나무들 사이로 아름다운 집들이 보이고, 호수에는 하얀 물오리들이 둥둥 떠다니고, 정말 그림 같답니다. 그 옆을 지하철이 장난감처럼 달려가지요. 아마도 그쪽이 북쪽이라서 그런지 예쁜 꽃단풍으로 공원마다 장식되어 가더라구요. 정말 신비롭고 황홀한 가을이에요.

다음 주에는 깊은 가을을 만나러 뉴햄프셔 화이드 마운틴으로 가 볼까 합니다. 여름에 가려고 했던 Mountain Village Hotel에서 하루 쉬어올까 하는데 역시 당신과 사중이가 마음에 걸리네요.

당신에게 행복한 하루를 선물하기 위해 보스턴의 가을을 보내드립니다.

〈2〉

거리는 벌써 크리스마스가 온 것을 느끼게끔 해주고 있답니다. 호텔과 상점마다 크리스마스 트리가 화려하게 장식되어 있는 것을 보면서 세월이 너무나 빨리 지나감을 느끼게 되네요.

요즈음 서울의 날씨는 어떤지요. 환절기니 감기 조심하시구요. 오늘은 안개가 무척 많이 내린 흐린 날씨이고 아주 포근한 늦가을이네요.

커피 한 잔 들고서 천천히 안개 낀 찰스 강변을 걸었습니다. 지금은 그렇게도 곱던 가을을 뒤로 보내고 가을의 흔적인 낙엽이 수북이 쌓인 운치 있는 한 폭의 그림을 그려주고 있네요. 여전히 사람들은 열심히 강변을 달리고 난 천천히 늦가을의 정취에 젖어 향긋한 커피와 함께 당신을 생각했답니다.

안개에 젖은 MA. Bridge는 정말 아름답습니다. 이렇게 멋진 보스턴에서 지낼 수 있고, 공부할 수 있도록 기회를 주신 하느님과 당신에게 정말 감사를 드리고 또 드립니다.

서걱거리는 갈잎을 밟으며 다람쥐들이 노는 모습을 한참이나 지켜보았답니다. 떼 지어 뭍으로 올라온 오리들의 무리도, 사람들을 아랑곳하지 않고 우르르 몰려다니고 있구요. 갈잎 사이로 무엇을 먹는지 열심히 입으로 쪼고 있었답니다. 앙상한 가지 사이로 이름 모를 새들이 이 나무 저 나무들을 왔다갔다하면서 노래하고… 강가의 이 멋진 길은 온통 낙엽들로 수놓아져 있구요.

당신이 Hawaii loan 갚느라고 얼마나 힘드셨는지 생각할 때마다 가슴이 저립니다. 힘들고 어려울 때마다 함께하지 못하고 혼자서만 이렇게 멋진 곳에서 지내고, 당신이 외롭고 쓸쓸할 때 이야기도 들어드리지 못함이 못내 가슴 시리게 하네요.

시중이가 인디아나에 여행 가서 며칠간 혼자 지내다 보니 얼마나 당신이 쓸쓸하고 외롭고 허전할지 뼈저리게 느꼈답니다. 정말 죄송합니다. 미안하고 감사한 나의 이 마음을 어떻게 하면 당신이 알아줄 수 있을까요?

언제나 어렵고 힘든 숙제는 당신에게 떠맡기기만 하는 저의 모자람을 이해해 달라고 청한다면 얌체처럼 보이겠지요.

항상 당신은 우리의 거목이고, 튼튼한 바위이며 태산인, 우리가족의 영원한 태양입니다. 끊임없는 감사를 드리면서, 건강 조심하세요. 부족한 당신의 아내가 보스턴에서 사랑을 보냅니다.

12월의 마지막 날에….

〈3〉

가을이 시작되는 아름다운 찰스 강변을 걸었습니다.

아직은 나뭇잎들이 싱싱한 푸름을 자랑하고 있는 듯해서 여름일까 생각하며 보처럼 당신과 함께 산책했던 강변을 걸었습니다. 그런데 벌써 가을이 시작된 곳이 보였답니다.

플라타너스 잎은 아마도 가을을 가장 먼저 맞이하나 봅니다. 시중이네 학교 Boat House 맞은편에 삼각형으로 길이 난 곳이 있답니다. 그곳은 온통 가을이네요.

플라타너스 잎이 떨어진 잔디와 산책로는 정말 그림처럼 아름다웠답니다. 잔잔히 흐르는 찰스 강에는 노란색, 빨간색, 스컬링이 그림처럼 미끄러져 지나가고, 물오리는 식구들을 거느리고 수영을 하네요. 너무나 멋진 낙엽이 쌓인 이 길을 몇 번이나 혼자서 왔다 갔다하면서 가을이 오는 강변을 당신을 그리며 낙엽을 밟아보았습니다. 큰 나무들도 조금씩 조금씩 가을을 맞이하려고 퇴색되어 가나 봅니다.

누군가 보스턴의 가을이 너무나 아름다워 기절하는 사람들이 많다고 말했다네요. 그래서 가을에는 구급차가 관광버스를 따라다닌다는 농담을 할 정도라네요.

강변의 멋진 산책로 기억나세요? 함께 걸으면서 너무나 아름답다고 하던 그 길을 혼자 걸으며, 함께 앉아서 쉬던 벤치마다 한 번씩 앉아 봅니다.

다리 위로 해가 지네요. 무엇이 저리도 아름답게 보이게 하는 것일까요? 하느님만이 줄 수 있는 저 고운 황혼이 사람의 마음을 흔들어놓네요. 하늘에 그려진 저 멋진 수채화를 당신께 보냅니다.

다리 아래에 돛을 단 배가 지나가고 있네요. 사중이 시중이가 폼내면서 우리를 태워주던 그 배들이 황혼이 지는 하늘과 함께 사람이 그릴 수도 없는 큰 장면을 연출하고 있답니다. 참, 당신이랑 떠오르는 붉은 해를 보았었지요.

찰스 강의 물오리 기억나세요. 대장 오리가 식구들을 이끄는 모습이 왠지 당신처럼 안쓰러워 보이네요. 혼자 외롭게 계시는 당신인 듯 생각하면 저 오리들은 참으로 행복하구나 하는 생각이 들었답니다.

하지만 여보, 힘내세요. 오늘 밤은 당신의 아내가 꿈속에서 당신을 만나러 달려갈 테니까요.

사랑하는 당신에게 풀꽃처럼 고운 사랑을 보냅니다.

〈4〉

첫눈이 내립니다.

이제 겨울이라고 속삭이며 눈이 계속 내리고 있습니다.

창밖으로 나무들이 고운 흰옷을 입고 그동안의 복잡했던 시름들을 모두 잊은 것처럼 보이네요. 올겨울에는 얼마나 많은 눈이 내릴지….

지난겨울은 몹시도 추웠습니다. 어린 시절처럼 눈이 많이 내렸었는데 올해는 좀 덜 추웠으면 합니다.

조금 후에 찰스 강변을 걸어 운동을 가려고 합니다. 무척이나 아름답게 보일 거예요. 눈꽃이 핀 강변 가로수는 굉장히 멋질 것 같군요. 아마 가을보다도 더욱 아름다운 수채화 한 폭을 볼 것 같네요. 그리고 강물 속의 오리들은 어떻게 하고 있을까? 사람들은 역시 달리고 있을까?

아름다운 눈의 고장에서 첫눈을 맞으며 걸어보겠습니다.

– 당신의 아내가

〈5〉

사랑하는 우리 가족들의 열성과 정성으로 하버드에서 공부할 수 있는 기회를 가진 나는 정말 행복한 여인입니다.

매일 아침 하버드의 멋진 교정을 밟으면서 젊은이들과 함께 공부하려고 뛰어다니는 난 내 나이를 잊어갑니다.

지하철을 두 번이나 갈아타고 거의 한 시간은 가야 하며, 또 공부는 얼마나 힘드는지, 숙제는 너무나 많고, 매일 헉헉대면서 쫓아다닌 지 벌써 두 주간이 지났습니다. 아직은 뭐가 뭔지도 잘 모르겠구요. 가끔은 점심을 잔디밭이나 계단에서 숙제를 해가면서 먹기도 한답니다.

우리 집의 남성 파워에 밀려 이렇게 멋진 학교에 다닐 수 있다니 정말 꿈같은 현실이네요. 조금만 더 일찍 시작했더라면 하는 생각도 드네요.

우리 반에서 아마 제 나이가 제일 많을 것 같은데 여자는 모두 6명이구요, 18세 된 남자아이가 가장 나이가 어려요.

아이들이라 그런지 경쟁이 무지 심하고, 너무 재미없는 일들만 벌어지고, 친구할 사람은 한 사람도 없네요. 그것이 무슨 문제일까마는…. 아직까지는 낭만도 멋도 폼도 생각할 여지가 없답니다.

사중이는 하버드에서 재미있고 행복한 여름을 보냈는데, 나는 아직은 힘만 드네요. 사중이와 함께 갔던 도서관 6층에 랩이 있어서 거기서 테이프를 들어야 하는데 기계 작동을 잘 못해서, 또 시간을 아직 내지 못해서 한 번밖에는 못 갔어요. 시중이가 시간을 한 번 내보겠다고 했는데 혼자 해보겠다고 했습니다.

얼마나 잘 따라갈지는 모르겠지만 열심히 노력하고 있습니다. 힘들게 뒷바라지하는 당신을 생각하면 이런 불평을 하면 안 되는 것이지요. 당신도 함께 하버드의 교정을 밟으며 공부하면 얼마나 좋을까 하고 생각해 본답니다.

나보다는 시중이 사중이가 여기에서 공부하는 것이 더 좋은데, 하느님이 때가 되면 그들을 하버드로 불러주실 것을 믿고 있지만, 시기가 더 단축된다면 얼마나 좋을까? 하는 생각을 간간이 해본답니다.

요즈음은 편지 쓸 시간조차도 잘 나질 않네요. 죄송한 마음뿐입니다.

참, 집수리하느라 얼마나 힘드세요. 여자들이 해도 힘든 일을 당신에게 맡겨놓고 공부한다고 이들하고 편하게 있으니 정말 죄송합니다. 어떻게 말씀드려야 할지 몸 둘 바를 모르겠습니다. 그렇지만 싱모님께 저 대신 당신을 열심히 도와달라고 기도드리고 있답니다.

혼자 계실수록 건강 조심하시고 식사 제때에 꼭꼭 하세요. 사랑합니다.

〈6〉

오늘은 우리가 보스턴으로 이사 온 지 1년 되는 날입니다.

작년 밤에 여기에 도착했을 때 생소하고 두려웠던 일들이 되살아나네요. 그래도 그때는 당신이 함께 계셔서 모든 것을 잘 처리해 주었지요. 이곳의 생활이 벌써 1주년이라니 감회가 무척이나 깊습니다. 올해는 미국의 독립기념일 축제에 참석하려고 준비를 먼저 했답니다. 보스턴 1주년 기념도 겸해서 우리도 축하를 함께하려구요.

5시에 집에서 찰스 강으로 출발했는데 알링턴 역에 도착했을 때는 수많은 사람으로 길이 메어지기 시작했답니다. 모두들 약간씩 흥분되어 있고, 들떠 있었으며 강으로 강으로 몰려들 가더라구요. 우리도 열심히 그 무리 속에서 밀려갔답니다.

밤 10시부터 하는 불꽃놀이와 '보스턴 팝스 오케스트라' 공연을 보기 위해서지요. 강변의 음악당은 그때 이미 꽉 차 있었고, 가족들이 자리를 깔고 앉아서 음식을 먹고 마시고 있었답니다. 지름길은 이미 통제되어 한참을 되돌아 사람들을 헤치고 Boat House로 가니 거기도 이미 꽉 차 있었고 음식과 음료수들을 먹고 있었지요. 파티는 4시부터 시작했거든요.

시중이와 사중이가 열심히 뛰어다녀 간신히 배 한 척을 구했고, 의자도 세 개나 구했답니다. 우리도 음식을 가지고 배로 가서 맛있게 먹었답니다.

롱펠로우 브릿지에 걸려 있는 대형 스크린에서는 보스턴 팝스 오케스트라 공연을 보여주고 있었답니다. 그리고 찰스 강에는 수많은 개인 요트가 떠 있는데 정말 장관이었답니다. 미국다운 광경이었지요.

오늘 밤 축제를 즐기기 위해서 멀리서 왔다고들 하네요. 그들이나 우리나 선상 파티를 즐기기는 마찬가지더라구요. 우리도 시중이 사중이가 요즘 매일 타는 작은 요트를 탔으니까요.

어둠이 밀려오자 강은 더욱 아름답게 보였고 각각의 요트는 멋진 장식등을 밝히기 시작했답니다. 그 사이사이로 조그만 카약들이 재주를 부리며 밀려가고 있었답니다. 찰스 강은 온통 크고 작은 수많은 배들로 꽃을 피웠답니다. 미국다운 광경을 보면서 이런 멋진 모습을 함께 즐기지 못하는 당신에게 죄송할 따름입니다.

드디어 찰스 강에 어둠이 깊어지고 10시가 되자 멋진 불꽃놀이가 시작되었답니다. 저희가 지금까지 본 불꽃놀이 중에서 가장 멋진 장면들이었답니다. 찰스 강변은 사람들 무리와 환호성으로 무리지어 퍼지고 새로운 모양을 멋지게 연출해 주었지요. 밤하늘에 수놓아지는 아름다운 형상들로 신비로운 꿈을 꾸는 듯했답니다. 출렁이는 물결과 까만 밤하늘에 울려 퍼지는 재미있는 축제였답니다.

돌아오는 길은 고속도로를 통제하고 사람들이 걸어가도록 하였답니다. 아름다운 밤하늘, 엄청난 사람들의 무리, 출렁이는 찰스 강, 집까지 오는데 아마 한 시간 이상은 밀려서 걸었나 봅니다. 그래도 피곤하지 않았고 사람들 모두 즐겁게 돌아가고 있었답니다. 이번 불꽃놀이가 어떠했는지 평가하면서… 아마도 이것이 보스턴의 미국식 축제인가 봅니다.

보스턴 여름 축제가 시작되어서 주말마다 멋진 공연들(음악회, 연극, 연주회…)이 공원과 강변 음악당에서 열리고 이곳 사람들은 교육도시답게 여러 공연을 여름 내내 즐길 수 있답니다.

미국의 기념식을 즐기고 돌아오니 당신이 더욱 그리웠답니다.

– 7월 5일 밤에

〈7〉

하버드 대학 도서관에 다녀와서

오늘은 사중이·시중이와 함께 하버드 도서관에서 공부하고 왔답니다. 예전에 하버드를 구경할 때 계단이 많았던 도서관 생각나세요?

옛날 영국에서 하버드로 유학 온 한 학생이 있었는데 영국의 자기 집에 갔다 돌아오면서 타이타닉 배를 타게 되었대요. 당신도 유명한 타이타닉 얘기 알고 계시죠? 배가 빙산과 충돌하여 침몰하려고 할 때 그 학생은 구명보트를 탈 수 있었는데 굉장히 귀중한 책을 놓고 온 것이 생각나서 다시 돌아가 그 책을 가져오는 바람에 구명

보트를 못 탔고 그래서 결국 죽고 말았대요.

아들의 죽음을 슬퍼한 학생의 어머니가 아들을 기리기 위해 엄청난 돈을 하버드에 기부하면서 도서관을 건립했는데 그것이 바로 이 도서관이라고 하네요. 오래된 이야기이지만 그런 이야기를 들으면서 공부를 하니 감회가 새로웠답니다. 이 도서관은 일반인에게 공개되지 않는다는군요.

공부를 마치고 저녁식사를 하려고 나오는데, 많은 사람들이 사진을 찍고 구경을 하더라구요. 그들을 보면서 저들도 자식을 하버드에 보내고 싶어서 자식들과 관광하는구나 생각했지요. 우리도 저렇게 했다고 시중이 사중이에게 애기했답니다.

저녁식사는 우리가 가보지 못했던 하버드 학생들의 식당에 갔는데 마치 영국식 식당 같았답니다. 셋이서 맛있게 식사했는데 역시 당신이 마음에 걸리더라구요.

해가 뉘엿뉘엿 넘어가는 황혼의 하버드는 녹음이 짙은 교정 때문에 더욱 아름답게 보였답니다.

사중이가 학교 여러 곳을 안내해 주었고, 오케스트라 연습장도 볼 수 있었지요. 겨울의 교정과는 완연히 달랐는데 푸른 잔디밭에 앉아서 황혼이 물들어가는 고운 하늘을 한참 쳐다보았답니다.

'나는 지금 어디에서 무엇을 하고 있나?' 당신에게 하느님께 성모님께 너무나 감사하고 감사했답니다.

사중이는 하버드에서 즐겁게 뛰어다니면서 열심히 공부하고 있답니다. 참으로 행복해 보였습니다.

요즈음 너무나 덥습니다. 이럴 때일수록 건강에 유의하시고 세끼 식사 꼭 찾아서 드세요. 귀찮더라도 식사 거르지 마세요.

– 당신의 아내가 보스턴에서

〈8〉

여보, 안녕하세요?

보스턴에도 봄이 온 것만 같습니다. 바람은 아직 쌀쌀하지만, 우리 집 앞에는 하얀 목련과 자주색 목련이 아름답게 피고 있답니다. 그래도 아직 겨울 옷을 벗지 못하는 것을 보면 봄은 아직 멀리 있는 것만 같네요.

아침마다 학교에 가려고 나서면 세차게 불어오는 바람을 어떻게 피할까 궁리하면서 걸어간답니다.

당신 혼자 한국으로 돌아가 저희 마음이 몹시 아프답니다. 텅 빈 집에 혼자 들어설 당신을 생각하면 정말 몸 둘 바를 모르겠습니다.

당신 혼자서 처리해야 할 많은 일들을 생각하면, 과연 제가 이렇게 오랫동안 미국에 머무르는 것이 잘하는 일일까 하는 생각이 드네요.

오늘은 얼마나 구겨진 양복을 입고 출근하실까? 와이셔츠, 손수건, 양말, 아침밥도 안 들고 출근하는 모습이 떠올라 가슴이 콱 메어온답니다. 또한 저녁에 집에 돌아오실 때 불은 모두 꺼져 있고 열쇠를 따고 들어서면 서늘한 바람만 휑하니 불어올 때, 당신의 그 큰 눈이 얼마나 슬플까? 이런 여러 가지 생각 때문에 마음이 편치 않네요.

그러나 제가 여기서 할 수 있는 일이 당신을 위해서 매일 미사를 드리고 기도하는 방법밖에는 다른 방법이 없는 것 같아 안타깝답니다.

항상 건강 조심하세요. 그리고 모든 일들을 기도하시면서 신중히 처리하시리라 믿습니다. 당신은 너무나 착하기 때문에 제가 걱정이 더 많은 것 아시지요?

그렇게 바쁜 중에도 우리 아버지 어머니께 많은 신경을 써주시고 잘해 주심에 정말 감사합니다. 당신의 위로가 많은 도움을 주고 있음을 아버지 어머니도 잘 알고 계시더라고요. 아들들이 못하는 일들을 윤 서방이 하고 있다며 아버지가 당신에게 고맙다고 하셨답니다.

귀찮더라도 빨래는 자주 세탁기에 넣고 돌려 입으세요. 그리고 와이셔츠는 꼭 세탁소에 맡기시구요. 양복은 일주일에 한 번씩 세탁을 맡기세요. 그러면 바지에 줄이 흐트러지지 않을 것 같네요. 그리고 봄 양복(춘추) 꼭 해 입도록 하세요.

– 당신의 사랑하는 아내가 드립니다.

〈9〉

이봉주가 보스턴 마라톤에서 우승하던 날

오늘은 보스턴 마라톤 대회가 열리는 날입니다. 우리도 참가하려고 했지만 역부족이라 봉사라도 하려고 했는데 시간이 맞지 않아서 이번 해에는 그냥 응원만 하기로 했답니다.

우리 집 앞은 40km 지점에 있었기 때문에 마지막 피치를 올릴 수 있는 가장 좋은 장소였지요. 우리는 큰 칠판과 커다란 종이 박스를 준비해 굵은 매직으로 태극기를 그리고, 칠판에는 이봉주 선수 이름을 영어와 한국어로 썼답니다. 만반의 준비를 마치고 사중이와 시중이는 머리에 흰 띠를 두르고 본격적으로 응원을 시작했답니다.

주위는 수많은 인파로 꽉 찼는데, 그들도 우리를 응원해 주기 시작했답니다. 옆에는 일장기 서너 개를 든 일본인들도 있었답니다. 정말 대단했지요. 이봉주 선수는 우리 앞을 지나면서 완전히 선두를 확보했는데 작전도 대단했어요. 목이 쉬도록 이봉주와 코리아를 불러댔고, 아낌없이 응원했답니다.

그는 작은 나라의 이름을 보스턴에서 마음껏 부르짖을 수 있도록 국위를 선양했답니다. 우리나라 사람도 아니 우리나라 사람들이야말로 정말 지독한 사람들임을 세계에 알리는 감동적인 하루였답니다.

오랜만에 신 나는 일을 경험했답니다. 우리 시중이 사중이도 세계에 멋진 한국인을 알리는 노벨상을 주님께 봉헌하면 얼마나 좋을까 하고 생각해 봅니다.

이튿날 학교에 가서 선생님에게 "보스턴 마라톤 우승자가 누군지 알죠? 이봉주 선수가 바로 우리나라 사람이에요!" 하고 열심히 설명했더니 이봉주 선수를 알더라고요. 이봉주 선수의 우승은 우리나라를 소개할 수 있는 특별한 사건이었어요. 세계에 우리나라를 알릴 수 있는 제일 빠른 길은 역시 운동이라고 생각해요.

골프의 박세리, 야구의 박찬호, 마라톤의 이봉주, 이제 월드컵의 축구가 남았네요. 그리고 우리 시숭이 사숭이의 노벨상 소식….

우리 계속 기다려 봅시다.

〈10〉

2002년 새해가 시작되었습니다.

희망찬 아침의 신선한 빛이 우리 가정에 비추는 도약의 새해입니다. 당신의 모든 사업이 하느님의 도움으로 나날이 발전하기를 기도합니다.

성모님은 혼자서 고생하시는 당신의 건강과 모든 집안일들을 자애롭게 돌봐주시며 기도해 주실 것입니다.

연말연시에 처리해야 할 사업상의 많은 일들, 하와이 집 문제 해결, 우리 집 수리…, 저희 부모님 돌보는 일, 보스턴과 하와이의 생활비 등등 수많은 어려운 일들을 혼자 처리하시느라 정말 수고 많으십니다.

한 해를 잘 보내게 해주신 하느님께 감사드리면서 보스턴에서 열심히 크리스마스와 연말연시를 보냈습니다. 보스턴의 연말은 참으로 이채로웠습니다.

해를 보내는 마지막 날은 250개의 이벤트가 온 보스턴을 술렁이게 했습니다. 수많은 사람들이 행사장마다 출렁였고, 우리도 거기에 끼어 시간마다 행사장을 찾아다녔답니다.

공원에 조각해 놓은 대형 얼음 조각들, 클래식 음악과 재즈, 파이프 오르간의 연주라든가 퍼레이드 등은 보스턴 전체를 살아 있는 박물관처럼 보이게 했고, 매우 특이하고 아기자기한 멋을 풍겨주었답니다.

뉴욕과는 또 다른 멋을 주는 미국 최고의 자부심을 지닌 도시다웠답니다.

Coply 광장에서 카운트다운할 때 시중이와 저도 그들과 하나되어 뛰고 소리 지르며 함께 춤추었지요. 제야의 종소리를 보신각에서 타종할 때 느끼는 것과는 다른 감흥이 일었어요.

10, 9, 8, 7, 6, 5, 4, 3, 2, 1 드디어 12시. 흥분한 사람들이 샴페인을 터뜨려서 우린 샴페인을 몸으로 마셨답니다.

그리고 당신과 함께 갔던 사무엘 아담스 술집으로 갔는데, 샴페인 한 잔씩을 무료로 주는 거예요. 즐거운 새해 인사을 주고받으며 덕담을 나누었지요.

우리 가정에도 이렇게 샴페인을 터트릴 즐거운 일들을 소망하면서 시중이의 박사학위와 그가 원하는 학교, 사중이가 원하는 학교에 가는 소망을 기대하면서 축배의 잔을 높이 올렸습니다.

올해도 더욱 건강하시길 빕니다.

〈11〉

봄이 오기가 무척이나 힘드나 봅니다. 일기가 고르지 못한 환절기에 건강 보살펴 드리지 못해 죄송합니다.

보스턴의 날씨는 성말 알 수 없을 정도로 변덕이 심하네요. 사흘간 계속해서 눈이 펑펑 쏟아지기도 하고, 비가 내리더니 어제는 진눈깨비가 종일토록 내려서 길이 온통 얼음 눈길이었답니다. 그래서 성서공부도 할 수 없었는데 혹시나 사람들이 올까 봐 성당으로 향했답니다.

텅 빈 주차장은 하얀 눈으로 뒤덮여 있었고 주위는 온통 눈꽃이 피었는데 나는 설국의 공주가 된 기분이었지요. 아무도 밟지 않은 눈으로 쌓인 땅을 밟으면서 눈 오는 하늘을 쳐다보니 당신이 더욱 그리워졌답니다.

용서한다는 것이 얼마나 힘드는지 이번 사순절에는 모든 이를 용서해야지 하고 골백번도 더 맹세했답니다. 그러나 또나시 벽에 부딪히는 것을 보면 나는 아직도 멀었나 봅니다.

부모님을 대하는 동생들의 모습에서 죄를 짓고 난 또나시 거듭되는 고백성사를 뵈야 하는 속물입니다.

당신 혼자서 얼마나 힘드실까? 난 시중이와 함께 있는데도 외롭고 허전할 때가 많은데 순간순간 다가오는 그리움의 시간들을 당신은 어떻게 보내고 있을까?

우리는 왜 이 나이에 이렇게 지내야 하는 걸까? 무엇을 위해서… 누구를 위해서….

함께 있을 때 잘해 드리지 못함에 이렇게 반성문을 써 내려가 보지만 무슨 도움이 될까?

하느님께 당신과 함께해 주시라고, 성모님께 나를 대신해서 당신을 도와달라고 기도드리는 방법 외에는 아무런 힘이 없네요. 그래서 오늘도 미사를 참례하며 당신을 위한 기도를 했답니다.

봄이 오면 나른함이 몰려올 거예요. 건강 더욱 조심하세요.

– 당신의 아내, 줄리아나가

〈12〉

벌써 7월도 다 지나가네요. 한국은 무척이나 덥다는데, 어떻게 지내시는지요. 이곳은 계절이 어떻게 바뀌는지 모를 정도로 기온 변화가 심한 곳이기도 하네요.

황혼이 곱게 물들어가는 찰스 강에서 오늘 시중이가 조정경기를 했답니다. 사중이와 제가 응원 갔는데 정말 멋진 그림 같은 장면이었습니다. BU bridge를 건너는데 시중이네 학교 조정클럽이 정말 영화에 나오는 한 장면같이 보였답니다.

오늘은 시합도 있고 바비큐 파티도 있어서 많은 사람들이 구경을 나왔더라고요. 두 팀씩 시합했는데 시중이네 팀이 이겼답니다. 강가에서 시중이네 팀이 이기라고 소리소리 질렀답니다. 팀워크를 잘 이루어야만 이길 수 있는 참 좋은 운동이더라고요.

시중이가 제일 작았는데 마치 중학생처럼 보였어요. 나중에 배를 안에다 넣는데 보니까 다른 아이들은 어깨에 올리고 있는데 시중이는 머리까지 올려야 높이가 맞더라구요. 그리고 모터보트를 신 나게 탈 수 있었답니다. 정말 기분이 좋았답니다.

주위가 어두워지자 찰스 강변의 야경은 더욱 멋졌고, 화려한 중심가의 야경을 보면서 음식을 맛있게 먹고 마시며 즐겁게 놀았답니다.

돌아오는 길에 BU bridge를 건너면서 정말 외국 영화에 나오는 것 같다고 했더니 아이들이 웃더라구요. "그래, 여기는 미국이지" 하고 한참이나 웃었답니다. 그리고 카페에 가서 커피와 주스를 한 잔씩 마시고 돌아오면서 당신이 계셨더라면 맥주를 마시며 얼마나 좋아하셨을까 하고 당신 이야기를 한참 했답니다.

내일부터 사중이와 시중이는 함께 스컬링을 하기로 했는데 새벽 6시에 일어나서 가야 하므로 저 잠꾸러기들이 무척 힘들 것 같습니다. 힘들겠지만 많은 것을 배우고 경험해야 한다고 권했답니다. 우리끼리만 즐겁게 보내는 것 같아서 정말 당신에게 죄송하기만 합니다.

상상해 보세요. 9명이 배를 저어 찰스 강을 미끄러지듯이 지나가는 것을… 정말 그림 같았습니다. 다음에 또 연락드릴게요. 건강 조심하세요.

– 7월 20일 밤에

〈13〉

향긋한 커피 향이 당신을 그리워하게 만드는 아침입니다.

지금쯤 무엇을 하시고 계실까?

이름 모를 새가 창가로 몰려들어 청아한 아침의 향연을 베풀고 싱그러운 6월의 푸름은 저 새들의 노래와 함께 연녹색의 수채화를 이루는 아침입니다.

당신도 지금쯤 커피를 마시며 나를 생각할지 모르겠네요.

지난밤은 아마 보름이었나 봅니다. 까만 밤하늘 위로 예쁜 둥근 달이 구름 사이로 살며시 고개를 내밀고, 바람은 상쾌하게 불어왔으며, 나뭇잎들은 살랑거리며 춤추는 고운 밤이었답니다. 당신을 향하는 내 마음은 더욱 쓸쓸해져만 갔습니다. 이런 수많은 날들의 외로움을 내가 아닌 당신이 혼자 견디어야 한다는 생각에 가슴이 저립니다.

당신을 생각하며 아이들과 함께 술집에 갔습니다. 사중이는 주스를, 난 우윳빛 나는 피나콜라다를, 시중이는 맥주를 청했지요. 맥주 이름이 보스턴의 아주 오래된 시장 이름인 Hay Market인데 재미있는 이름과는 달리 맛은 아주 싱거웠답니다. 이 사람들의 짧은 역사를 이런 데서 느끼는 것 같았지요. 시끌벅적한 분위기에서 끊임없이 이어지는 얘기들 속에 그들은 외로움을 씻어보려나 봅니다.

군중 속의 고독을 생각해 봤습니다. 아이들과 함께 있고 항상 공부가 바쁘고 성서 봉사, 음식 준비, 세탁, 청소, 운동 등 시간이 부족할 정도인데도 왠지 허전하고 마음이 시려옴은 당신이 함께하지 못함일 거예요.

이렇게 모난 돌멩이 같은 나를 둥글게 만드느라고 고생한 당신의 인내심에 감사할 뿐입니다. 못난 나의 감정을 들켜버린 초라한 모습에 부끄럽기만 합니다.

이름 없는 풀꽃 같은 나의 인생에 온갖 향기와 영화를 불어넣어 준 당신, 이처럼 못난이에게도 훌륭한 남편을 주신 우리 주님, 선하고 착한 우리 아들들, 참 많은 것을 가지고 있고 누리는데… 고독하다고 칭얼대네요.

자, 이젠 당신이 내게 준 행복에 감사드리며 오늘을 열어보아야겠네요.

아침기도를 바치고 성당으로 주님을 만나러 갑니다. 매일 아침 10여 명 정도가 드리는 미사는 정말 행복합니다. 당신과 시중이, 사중이, 할머니, 어머니, 아버지를 위한 기도를 바치고 하루를 봉헌하지요.

시중이 연구실을 지나고, 고속도로 위 다리를 건너고, 아름다운 꽃과 나무들이 어우러진 100년이 넘은 고풍스런 집 앞들을 지나고, 술집 두 곳을 지나면서 묵주기도를 드리다 보면 어느덧 우리 집 앞,

신문을 집어들고 총총히 계단을 올라 아이들을 깨우면서 하루를 시작한답니다. 이런 일상의 하루하루를 당신과 함께하지 못해서 정말 죄송합니다.

하지만 요즈음 매일 성모님께 이렇게 기도한답니다.

우리 집 제대 위에 계시는 성모님,
오늘 나의 남편 시몬을 위하여
당신이 내려오셔서 그가 불편하지 않도록
저의 역할을 해주세요.
다림질, 빨래, 청소, 식사 준비, 등등
집안의 모든 일거리들을
당신이 기적의 영화에서처럼
살며시 내려오시어 도와주시고
다시 제대 위에 돌아가시는 거예요.
그가 회사의 일로 피로하거나 힘들 때도
당신의 진정한 위로와 기도가 가장 필요할 거예요.
"꼭 도와주세요."

오늘은 무엇을 드셨을까?

– 보스턴에서 당신의 아내 줄리아나

〈14〉

일주일이 이렇게 빨리 간다는 사실을 이제야 깨달았습니다.

당신과 함께한 시간을 감사드리며 무사히 잘 도착하셨다니 감사합니다. 텅 빈 집에 혼자 들어가셨을 당신을 생각하면 가슴이 저립니다.

어떻게 하면 당신을 위로해 드릴 수 있을까 연구하기로 했습니다. 누구에게나 자랑할 수 있는 거목인 당신을 주신 하느님께 고맙고 고마워서 오늘도 주님께 열심히 기도드렸습니다.

제가 할 수 있는 일이 멀리서 기도드리는 것뿐이네요. 사중이도 할머니도 당신과 함께한 시간이 너무나 즐거웠을 겁니다. 시중이도 아버지가 최고라고 그리고 모든 사람들에게 아버지를 존경한다고 해서 성당 사람들이 모두 부러워했답니다.

당신의 환갑을 진심으로 축하드리며, 우리 모두에게 더 큰 시작과 도전의 계기가 되기를 바랍니다.

3부 / 윤애근 교수의 글과 그림

그의 작업은 동양화의
일반적 분류 개념에선 벗어나 있다.
동양화니 한국화니 또는 서양화니 하는 분류개념
어디에도 속설지 않다.
그냥 회화라고 명명하는 것이 적절할 것 같다.
그러면서도 그의 작업의 원천이
전통에 깊이 뿌리 두고 있다는 점에서는
한국화의 발전적 문맥에 놓여 있다는 사실을
간과할 수 없을 것 같다.
그가 사용하고 있는 장지와
이에 동원되는 색채가 한국화의 매재란 점에서
특히 그렇다.

인도미술기행(Sketch travel to India)

내세의 환생 꿈꾸는 갠지스 강엔 순례자 줄이어(1991년)

부처의 미소 속엔 석공의 섬세한 예술혼이

내 사주팔자에 역마살이 끼었는지 나는 자의 반 타의 반으로 참으로 많이도 돌아다니는 편이고 또 직장 이동도 많았다. 북 구라파의 핀란드에서 남쪽 모나코, 캐나다에서 남태평양까지 국제대회나 전시, 세미나 명목 등으로 말이다.

그때마다 정해진 스케줄대로 호텔에 묵고 회의하고 여가시간엔 박물관 관람과 쇼핑하는 이러한 일상적인 여행을 하다 보니 외국이라는 어떤 강한 감동과 느낌이 별로 와 닿지 않았고 또 바쁜 일정으로 스케치 한 번 번번이 못 해 보았다.

그래서 이번 인도여행은 젊은 애들처럼 배낭여행을 하기로 하고 체력단련을 위하여 한 달 전부터 아침 7시에서 8시까지 한 시간씩 조깅을 하고 병원에서 종합건강진단을 정기적으로 해가며 만성 위장병 치료에 부단히 애를 썼다.

그 결과 인도여행 전까지 체중을 무려 2kg이나 불려놓았으니 험한 여행길에 조금은 안심이 됐다.

인도, 네팔, 아프리카, 잉카문명, 이집트, 터키 등이 더 늙기 전에 꼭 다녀와야 할 나의 여행 리스트이다. 인도여행은 최소한의 경비로 최대한의 스케치를 하기로 했다. 관광 코스가 아닌 후미진 뒷골목과 빈곤한 삶의 현장을 그리기 위해 독한 마음을 먹고 약간의 돈과 담요, 물통, 속옷 몇 벌과 청바지, 세면도구, 김, 고추장과 인도지도가 내 짐의 전부였다.

방콕에 미리 가 있던 인하대의 김 선생과 인도 경험이 풍부한 김범수 선생과 합류하여 셋이서 캘커타 공항에 도착하였을 때는 해가 뉘엿뉘엿 지고 있었다.

인력거, 소떼들 거리 활보

옷을 걸쳤는지 걸레를 둘렀는지 구별이 안 되는 깡마르고 빈약한 체격의 가난한 인도사람들, 울긋불긋한 천을 휘감은 인도여인네들. 엉성한 판잣집을 그리고 싶어서 좀이 쑤셨으나 떨어지는 해를 좇아 운전사가 어찌나 서둘러대는지 안타깝기만 했다. 시내에 도착했을 때 거리는 어둠 속에 묻혀 있었다.

바글대는 사람들의 홍수, 자동차, 인력거, 유유히 거리를 활보하는 소떼들로 인해서 거리의 교통은 말이 아니었다. 공식집계 900만 인구, 비공식집계로는 그 배가 된다는 캘커타는 남루하고 다양한 옷차림의 사람들로 마치 인종 박람회장 같았다. 아프리카에 남아메

리카를 합한 인구보다 더 많은 10억 인도 인구가 단 하나의 정치적 실체로 조직되어 있다는 것은 놀라운 사실이다.

간디와 네로의 탁월한 지도력이 새삼 높이 평가되었고 델리에 가게 되면 간디 무덤에 꼭 참배하리라 마음먹었다.

부조가 새겨진 영국풍의 호화로운 그랜드 호텔 근처에 몇십 번이나 칠했다 벗겨진, 그래서 오히려 고풍스럽기까지 한 게스트 하우스에 짐을 풀었다.

캄캄한 복도에 조그만 창살 달린 방들이 꼭 죄수들 방같이 나열되어 있었다. 좌대가 없는 변기는 물을 틀면 반은 바닥으로 쏟아져 나와 구두를 적시곤 했다. 또 창문은 깨져서 걸레쪽 같은 천으로 가려져 있고 플라스틱 꼭지 달린 물컵은 사용하면서도 한 번도 닦지 않았는지 때가 시커멓게 끼어 있었다.

대청소를 하고 스케치북을 뜯어 더러운 곳을 가리고 가져간 담요와 시트로 잠자리를 꾸몄으나 도무지 잠이 올 것 같지 않았다.

기원전 2500년경 고도의 도시문명국이었던 인도 모헨조다로 하라파의 화려하고 정교한 건축예술이 지금은 허물어져가는 돌무더기와 기아로 허덕이는 후진국으로 변해 있는 것은 잘못된 종교의식 때문일까?

어디선가 거지 떼 몰려와

축제기간 확성기에선 남녀 한 쌍이 부둥켜 안고 악을 써댄다. 인도인들이 흔히 먹는 밀가루와 메밀가루를 섞어 화덕에 구운 짜파티를 카레 국물에 찍어서 저녁을 먹고 우리 일행은 페스티벌을 구경하러 거리로 나갔다.

회교, 힌두교, 불교문화가 융합된 인도 의식과 축제는 현란한 색깔과 불빛, 음악, 춤, 기도로 이어졌다. 그리고 악기를 들고 짙은 화장을 시킨 조잡한 여신 조각이 거리 곳곳에 꽃으로 장식되어 세워져 있었고, 시민들은 지나가다 꽃을 뿌리기도 하고 합장을 하기도 했다. 전통 음률은 단조롭고 천편일률적이었다.

다음 날 새벽, 까마귀 울음소리에 잠이 깨 허둥지둥 스케치북을 들고 거리로 나가니 꾸물대며 깨어나는 거리의 풍경은 그로테스크하며 불결했다.

남루한 차림의 구두수리공을 스케치하고 있는데 어디서 몰려왔는지 새까맣게 거지 떼들이 몰려든다. 몸을 툭툭 치며 배고프다고 팔을 잡아당기는 바람에 공포스럽기까지 했다. 거지 떼 중 다리가 마치 돌고래의 지느러미같이 조그맣게 꼬부라져 있고 움푹 팬 눈을 쳐다보니 온몸에 소름이 끼치는 듯했다.

아직도 자고 있을 일행들을 떠올리며 돈 한 푼 없는 호주머니에 손을 넣고 손수건만 만지작거렸다. 그때 유창하게 어디서 왔느냐고 영어로 묻는 사람이 있어 쳐다보니 차림새가 역시 다른 거지들과 같았다. 겁에 질려 대답을 못하는 나를 보더니 주위의 거지들에게 인도말로 무어라고 하니까 거지들과 인력거꾼들이 흩어졌다. 이 사람은 혐오스러운 몸과는 어울리지 않는 쌍꺼풀진 눈이 무척 크고 아름다웠다. 이렇게 이 사람과 인연이 되어 함께 숙소로 돌아와 기지들을 정리해 주었던 조건으로 돈을 지불했는데 아마 이 불구자는 베테랑 거지 같았다.

두 선생과 캘커타 박물관으로 향했다. 캘커타 박물관은 영국에서 독립하기 이전의 유일한 박물관답게 영국풍과 인도풍이 함께 가미된 아름다운 건축물이다. 스투파 미술품과 간다라 미술품, 쿠샤니기의 불상과 아마라바티의 양각 굽타 왕조의 불상 조각이 어마어마하게 많아서 전시되었다기보다는 쌓여 있다는 편이 옳겠다. 조상들의 거대한 예술문화 유산이 부럽기까지 했다. 인자한 부처의 미소 속에 인도석공들의 섬세한 예술혼과 무한한 인내심이 아로새겨져 있는 듯했다.

근처의 테레사 수녀의 병원은 코코넛과 망고나무가 울창함 속의 낡은 시멘트 건물이었다.

각 왕조 불상 대량 전시

병원 주변은 정말 비참하였다. 집이라야 허물어진 돌무더기에 텐트조각으로 하늘을 가린 것, 엉성한 판잣집, 하수도 시설이 없는 도랑에서 그대로 변을 보는 아이들, 구정물에서 음식을 만지는 사람, 즐비하게 드러누워 있는 사람들, 여러 인종들에다가 주마다 다른 15가지 언어를 사용하는 10억의 인도인들은 도대체 무엇을 먹고사는 것일까.

건조하고 더운 기후와 비문명화 된 기아와 병고에 시달리는 사람들에게 밝은 미소로 헌신적으로 일생을 바친 테레사 수녀야말로 노벨평화상을 탈만하다는 생각이 든다. 테레사 수녀가 거처하는 교회에 갔으나 마침 외출 중이라 못 만나고 힌두사원으로 향했다.

이 저주받은 땅 같은 굶주림과 기아가 도사리고 있는 가운데 힌두사원은 마치 환상 속의 궁전같이 아름답고 호화롭다.

건물 내벽은 자만옥 공작석 등 보석이 박혀 있고, 순은으로 된 아치형 기둥으로 둘러싸인 제대 위에는 발자국 두 개가 연꽃받침 위에 부조로 되어 있다.

신의 모습을 우리 인간들이 보지 못하였기 때문에 발자국 모양만 모셨다니 현대적이고 꽤 과학적인 발상인 것 같다. 저마다 자유롭게 상상 속의 신의 형태를 그려보며 맨발로 무릎을 꿇고 기도하는 여인들의 옷차림은 비교적 깨끗하고 우아하기까지 했다.

엄격한 카스트 제도가 현대에도 영향을 끼치는 것은 아닐까?

엄격한 카스트 제도, 지금도…

신들에게 제물을 바쳐 신들을 달래야 한다는 종교의식은 브라만 즉, 승려계급의 위치를 보장했던 상류사회와 수드라 노예계급의 4가지 단계는 오늘날 수용과 거부의 모습으로 우리에게 인도를 보여주고 있는 듯하다. 가난과 게으름, 불결함이 느껴졌다. 살생을 최대의 금기로 삼는 힌두정신을 조금만 바꾸어 임자 없는 소와 개, 우글대는 까마귀만 잡아먹어도 허기를 면할 수 있을 텐데….

견고한 힌두정신은 노예로 태어나도 분노하거나 회의하지 않는 숙명론적인 사고방식을 갖게 하고 자신의 인행을 개혁하려는 의시를 상실한 채 수천 년을 내려온 것 같다.

여기에 펀잡 지방의 시크교도들은 힌두교의 무기력함에 반발하여 전투와 상업에 종사한 종족으로, 머리에 터번을 쓰고 일찍이 무역과 상업에 뛰어들어 부를 이룬 종족이다. 너무 바빠서 머리를 빗을 시간이 없어 터번을 두른 것이 종교의식으로 변하였단다.

활기찬 시크교도들이 마음에 들어 택시 운전사에게 10루피 주고 한 시간 모델로 전세 내 스케치했다. 술집도 환락가도 없으니 강력범죄도 없는 듯하다. 그러나 허기를 채우기 위한 좀도둑들은 좀 있는 듯하다.

빈국인데도 불구하고 과학과 현란한 예술문화를 꽃피운 나라 인도, 신비한 고도 바라나시에서 갠지스 강가의 경이로움을 찾기 위해 기차에 올랐을 때의 익살스러움과 놀라움은….

- 윤애근

가름하는 글

자년 여름 프랑스 세느 강변의 '씨떼 아뜨리에'에서 개인전 준비를 하고 있었을 때였다. 7월인데도 계속 비바람이 불고 추워서 사람들이 오리털 코트와 가죽점퍼를 입고 다녔다. 한국을 생각하고 달랑 여름옷 몇 벌만 가지고 파리로 온 나는 언어도 안 통하고 길도 몰라 티셔츠를 3개씩 껴입고 아뜨리에와 판화실만 왕래하며 우울하게 작업하고 있었다.

저녁이면 서러워져서 한적한 계단에 앉아 '오빠 생각', '뜸북이' 등 고향을 그리며 하모니카를 불었는데 낡고 거무스름한 시멘트 옹벽에 붙여 지은 씨떼의 새 건물이 이상하게 눈에 들어왔다. 허물어져 가는 옹벽이 문화재는 아닐 테고, 무슨 사연이 있을까?

계단 옆 틈바구니에서는 이렵사리 싸바중 나무 한 그루가 자라고 있었다. 어느덧 6월이 되었고 작업량도 많아져서 발표회 준비가 마무리될 무렵, 그 옹벽의 담쟁이넝쿨이 온통 빨강색으로 물들어서, 세계 각국에서 온 하가들이 생기 없는 이뜨리에를 환하게 하고 정취 있는 활력을 불어넣어 주었다. 옛것과 새것이 잘 어우러져서 운치가 있었고 정말 예뻤다.

광화문도 부수고, 숭례문은 불타고….

걸핏하면 오래된 물건은 버리고, 오래된 건물은 부수는 한국. 우리들의 옛것에 대한 이해의 부족이 오늘날 우리 화단에도 만연되어 있는 것은 아닌지!

이당, 소정 선생님이 잘 가시던 종로의 '태을다방', 인사동의 '사르비아 다방', 가난한 예술가들이 몰려드는 명동의 술집 '은성', '창고극장' 누렇게 퇴색해 버린….

1960년대의 순수시대여! 학교는 다르더라도 선의의 경쟁을 하며 서로 존중해 주던 선·후배들. 색을 덧칠해 가며 쌓아올려져서 완성되는 작품 같은 세월과 꿈, 결과들이 존경받는, 아니 존중되는 세상을 꿈꾸는 것은 욕심일까?

금전과 인기만을 좇는 작가보다는 좋은 작가를 발굴해 내어 훼손되어 가는 옛 건물처럼 훼손되는 자존심이 되지 않도록 운영해 주기를 에이원 갤러리 측에 바란다.

2008년 5월

– 전남대학교 예술대학 명예교수 윤애근

留樂室

무등산 자락 나의 畵室 뜰에 조그만 연못이 있다.
수줍게 피어오른 하이얀 수련과 곱게 자란 烏竹이
서로 어우러져 하나의 정겨움을 자아낸다.

풀꽃이 피고 짐에 봄은 시작되고
풀벌레 노랫소리에 한여름 밤은 깊어지며
황국의 물결 속에 가을은 여물어간다.

가을걷이 끝난 들녘에 찬바람이 머물고
내 마음엔 외로움의 눈이 쌓여만 간다.
詩를 친구 삼아 하루하루를 보내지만,
사랑하는 가족을 만날 주말이 기다려진다.

- 윤애근

白話

화판!
그 앞에 앉기만 해도
마냥 행복했건만,
백색공간이 주는 荷重에
하염없이 바라보기만 한다.

정성들여 채색한 화폭을
하아얀 胡粉으로 박박 문지르며
안도의 한숨을 내쉬나,
그것도 잠시일 뿐
두려움이 또다시 찾아온다.

生의 전부였던 그림이
이제는 두려움이라니
그리는 그 자체가 싫지만,
그래도 다른 방식의 사는 법을 모르는
나는 그럴 수밖에 있으랴!

- 윤애근

愚問乾笑答

自然科學하는 교수가 나만 보면 묻는다.
"그림은 그려 뭐하요?"
마땅한 대답이 떠오르지 않아 마른 미소만 짓는다.
낮에 교수생활로 돈을 모아
밤엔 그림 그린다며 몽땅 써버리니….

방학만 되면 奧地로 스케치 여행을 떠나는 나에게
老 교수님이 혀를 끌끌 차시며 말한다.
"바가지와 女子는 밖으로 돌리면 깨어지는 법이거늘,
윤 교수 남편이 보고 싶군."
젊을 적엔 청춘이란 이름의 아름다운 이해가 있었겠지만,
지금엔 어떤 색깔의 이해가 있을까요.

그래도
내 혼신의 땀방울이 맺힌 작품만은 먼 훗날
외롭게 팽개쳐지진 않겠지 하는 희망이
나를 지금 서 있게 한다.

- 윤애규

時間之流

세월의 흐름 가운데서
광명 저편의 편견은
가슴속에 고스란히
꽁꽁 매듭지어진 기억으로 남는다.

가만히 앉아 기도를 드려도
온종일 그림을 그려도
묽어지지 않는 응어리는
시간의 울타리에 갇혀 울고 있다.

- 윤애근

생의 열락 : 윤애근의 작품세계

방법이 이념을 대변한다고 했을 때, 윤애근이 방법은 그의 조형 이념을 가장 구체적으로 구현해 놓은 것이라 할 수 있다. 그 역시 동양화의 일반적 방법인 수묵 채색으로부터 출발하였다. 구체적인 모티프의 세계에서 비정형의 추상의 세계로 접어들면서 그는 내용에 앞서 방법에 대한 그 독자의 길을 모색하였다. 동양화가 지닌 오랜 인습의 굴레에서 벗어나기 위해선 내용에 앞서 형식적 변혁이 중요하다는 사실을 자각한 것이다. 그의 근래의 작품인 반 입체적 구성의 패턴은 형식의 변혁에서 비롯된 그 독자의 방법적 완성이라고 할 수 있을 듯하다.

그가 근래에 집중적으로 시도해 보이고 있는 것이 '空' 시리즈다. '空'이란 물론 추상적 개념이긴 하나 그에 따른 유주는 풍부하다. 비어 있는 공간일 수도 있고, 자신의 내밀한 내면세계일 수도 있으며, 초월적인 의미의 우주 공간일 수도 있다. 여기에다 갖가지 인간적 감정을 덧붙이기도 하는데 '空-善', '空-律', '空-友情' 같은 것이 여기에 해당된다. 그런가 하면 자연적 현상을 직시하기도 하는데 '空-雲鶴', '空-더듬이', '空-出' 등이 그것이다. 부여된 색채를 그대로 갖다 붙이기도 한다. '空-靑', '空-玄', '空-黃' 등이다. 구체적이니 자연의 이미지와 추상적 정감이 어우러져 짙은 여운을 자아낸다.

그의 작품의 원천은 자연이다. 구체적인 자연 현상에서 출발하지만 자연을 통한 인간 감정의 소회가 직접적인 모티프로 승화한다. 예컨대 나비, 잠자리 같은 곤충의 이미지가 변형되어 설명적인 요소가 걸러지고 순수한 도형, 구성의 즐거움이 심화된 양상으로 화면을 덮는다. 이 같은 구성의 즐거움이 관자에게도 강하게 전염되어 오는 것이 그의 작품의 매력이다.

그의 작업은 동양화의 일반적 분류 개념에선 벗어나 있다. 동양화니 한국화니 또는 서양화니 하는 분류개념 어디에도 적절치 않다. 그냥 회화라고 명명하는 것이 적절할 것 같다. 그러면서도 그의 작업의 원천이 전통에 깊이 뿌리 두고 있다는 점에서는 한국화의 발전적 문맥에 놓여 있다는 사실을 간과할 수 없을 것 같다. 그가 사용하고 있는 장지와 이에 동원되는 색채가 한국화의 매재란 점에서 특히 그렇다.

그의 방법은 우선 장지를 여러 겹 발라 올리는 데서 출발한다. 열장이고 스무 장이고 발라 올려 두께를 만든다. 이 같은 바탕 만들기가 그의 방법의 일차적 완성에 해당된다. 회화가 지닌 숙명적인 평면성을 벗어나 입체적인 공간 구성에로 나아갈 단계가 이루어지기 때문이다. 닫힌 평면성에서 열린 공간에로 진입하면서 자유로운 구성 작업의 장이 펼쳐지게 된다. 장지 위에 갖가지 이미지의 밑그림이 시도되고 이어 예리한 칼로 부분적으로 뜯어낸다. 그러니까 작업은 붙이기와 뜯어내기란 반복의 행위를 통해 이루어지는 셈이다. 콜라주(Collage)와 데콜라주(Decollage)의 빈복이란 독특한 진행 방식을 통해 작품은 완성되어진다. 여러 겹 발라진 장지는 때로 여러 겹이 뜯겨지기도 히고 몇 겹만 뜯겨지기도 하는 등 변화 있는 진행을 통해 깊이의 단층을 만들어간다.

때로는 부분적으로 안까지 뜯겨나는 경우도 있다. 이처럼 채우고 비우는 과정이야말로 그의 작업의 요체라 할 수 있다. 부분적으로 뜯어내는 과정에서 계획과 우연이 겹친다. 계획적으로 어떤 형태를 설정해 나가는가 하면 뜯어내는 과정에서 우연히 어떤 형태가 상정되기도 한다. 그런 만큼 떠오르는 형태는 풍부한 상상력을 동반하게 된다. 이렇게 이루어진 작품은 일종의 릴리프에 해당된다. 종이에 의한 릴리프인 셈이다. 그러나 단순한 부조라기보다 내부에서 밖으로 진행되는 단층의 구조가 만들어내는 미묘한 구조의 단면이 풍부한 내용을 진작시킨다. 여기에 부분적으로 가해지는 설채는 은은하면서도 깊은 여운을 자아낸다. 화면엔 파닥이며 솟아오르는 생명의 비상이 있는가 하면 한없이 고즈넉한 휴식이 한가로움이 있다. 날카로운 촉수와 눈망울이 만드는 긴장감과 엷은 나래의 잦아드는 가벼움이 어우러진다. 만개한 꽃밭에 날아드는 온갖 나비와 벌떼의 윙윙거림과 환한 햇살이 자아내는 생의 열락이 거대한 자연의 교향곡을 연주한다.

그의 방법엔 날카로움과 부드러움이 겹친다. 예리한 칼자국이 만드는 긴장 있는 형태와 장지 속으로 스며드는 색채의 은은한 포화감이 화면의 조화와 안정감을 고양시킨다. 단호함과 여유로움이 자아내는 대비적 요소가 하나의 격조로서 화면을 잠식해 준다. 그의 화면을 대하고 있으면 옛 한국여인들의 생활공간인 규방의 단아하면서도 푸근한 정서를 엿보는 느낌이다. 군더더기 없는 정갈한 생활공간이 보여주는 정취가 현대적 방법을 통해 다시 태어나고 있는 느낌이다. 전통의 무거운 형식적 굴레에서 벗어난 그의 실험의 도정이 종내는 우리 고유한 정서의 내면화에 도달되었다는 사실에 놀라움과 반가움이 겹친다.

– 오광수 / 미술평론가

故 윤애근 교수님 추모 1주기를 맞이하면서

故 정산 윤애근 교수 추모 1주년 기념전

(스승을 그리워하는 畵談展)

전시기간 : 2011. 7. 12(화)~7. 31(일)

국립광주박물관

이번 전시는 1년 전 돌아가신 윤애근 교수님을 추모하고 그의 작품세계를 되새기기 위해 교수님께 사사했던 전남대학교 미술대학 한국화과 졸업생들의 뜻을 모아 마련한 전시입니다.

스승님에 대한 사랑이 담긴 뜻깊은 전시를 마련하려고 고생하신 제자들의 아름다운 노고에 대해 깊은 경의를 보내드립니다.

그리고 이 귀한 공간을 마련해 주신 국립광주박물관 관장님을 비롯한 박물관 관계자 여러분들께 감사의 말씀을 드립니다.

人命在天 즉, 사람의 명운은 하늘에 달렸다고 합니다. 하지만 윤애근 교수님께서 그렇듯 예기치 못한 사고로 돌아가시리라고는 상

상조차 할 수 없었습니다.

건강한 모습으로 전남대학교 미술대학의 미래와 작업에 대한 고민을 말씀하시던 것이 어제 일 같은데 그렇게 허망하게 떠나실지 어찌 알았겠습니까?

더 오랫동안 우리 곁에 계시면서 광주·전남 미술 발전에 커다란 버팀목이 되셨으면 했는데 그렇지 못하게 되어 안타깝습니다.

윤 교수님께서는 전남대학교 사범대학 미술교육과 및 예술대학 미술학과 개설 초창기 멤버로 교육에 대한 남다른 열성과 의지를 가지고 척박했던 대학미술의 풍토를 기름지게 하셨습니다.

그리하여 대학에 재직하신 30년 동안 광주 화단의 중추적 역할을 할 수많은 제자를 양성하시면서 광주·전남 미술 발전에 큰 기여를 하셨습니다. 또한 젊은이 못지않은 활발한 창작활동으로 좋은 귀감이 되셨습니다.

이제 하늘나라에서 마음껏 그림도 그리시고 현세에서 못다 한 일도 하시며 행복하게 보내시기를 바랍니다.

부디 편안히 영면하시기를….

전남대학교 예술대학 미술학과 한국화 전공 주임교수

허진 드림

정산 윤애근 교수를 추모하며

봄, 여름, 가을 그리고 겨울.

봄이 생명이 움트는 계절이라면 겨울은 그 생명을 흰 눈으로 덮는 계절이리라.

한 인간의 삶.

그 거칠고 힘들었고 슬픔과 아픔의 순간들 또한 보람과 기쁨의 순간들이 이제 마침표를 찍으면서 얼굴에서 발끝까지 흰 천으로 덮여질 때 나는 그 겨울의 흰 눈이 온 대지를 하얗게 덮는 느낌을 갖는다.

사람을…, 존경했던 사람을….

의지하고 서로 버팀목이 되었던 사람을 떠나 보내며 삶이란 무엇인지? 영안실의 그 마지막 대면 순간에 깊은 슬픔과 눈물 속에서 마음속으로 되뇌어 보지만 보이는 것은 느끼는 것은 비로 텅 빈 공간 허공뿐이었다.

그것은 무상(無常)의 깨달음이기도 했다. 그 허공에서 부처의 게송이 들린다.

영원하다는 것 모두 다 사라지고
높다는 것은 반드시 낮아지며
모인 것은 뿔뿔이 흩어지고
한 번 태어난 것은 반드시 죽느니라.

– 법구비유경

2010년 7월 더운 그 여름날 불의의 사고로 인하여 정산 윤애근 교수는 이승의 그 무거운 짐을 훌훌 벗어버리고 자신이 준비해 놓았던 수의를 입고 그의 고향 경기도 평택의 선산을 마다하고 자신이 사랑했던 광주를 떠날 수 없었는지 미리 준비해 놓았던 광주 천주교 묘원에 육신을 내려놓고 머나먼 길을 훌쩍 떠나버렸다.

그로부터 1년, 세월은 유수와 같다지만 365일을 조용히 채우면서 흘러가고 있었는데….

고인이 몸 담고 지도하였던 전남대학교 예술대학 제자들이 정성을 다해 국립광주박물관에서 스승과 자신들의 작품을 모아 '스승을 그리워하는 畵談展'을 7월 12일부터 7월 말일까지 일정으로 '故 정산 윤애근 교수 추모 1주년 기념전'으로 열었다.

유족의 한 사람으로 초대받아 참석한 자리에서 전남대학교 허진 교수의 인사말 중 "젊은이 못지않은 활발한 창작 활동으로 좋은 귀감이 되셨습니다"라는 말이 가슴을 저리게 하는데 한 인간이 이 세상에 남기는 것은 진정 무엇일까?

깊은 상념에 젖는다. 법정스님의 가르침처럼 삶은 소유가 아니라 순간순간의 '있음'이다. 영원한 것은 없다. 모두가 한때일 뿐. 그 한때를 최선을 다해 최대한으로 살 수 있어야 한다. 삶은 놀라운 신비요 아름다움이다. 그 순간순간이 아름다운 마무리이자 새로운 시작이어야 한다.

윤 교수는 생의 대부분을 자신의 예술 세계에 깊이 침전하며 자기만의 예술을 창작하기 위하여 매 순간 최신을 나하며 불꽃처럼 살다 갔다.

윤 교수는 2002년 12월 인사갤러리의 초대전 팸플릿에 '그래도 내 혼신의 땀방울이 맺힌 작품만은 먼 훗날 외롭게 팽개쳐지진 않겠지 하는 희망이 나를 지금 서 있게 한다'라고 적었다.

그의 인생과 예술을 옆에서 지켜보았던 사람들 중 한 사람으로서 뜨거운 열정과 사명감을 갖고 고인의 뜻을 새기겠노라 다짐하면서 그의 분신인 유작들이 반 고흐의 작품『아를의 별이 빛나는 밤』처럼 빛나는 불꽃으로 이 세상을 밝히는 날이 있으리라 믿는다.

– 윤만근

작은 화랑 : 초월적 공간과 자연 이미지

공(空) - 화합(和合) III
Space - Concord III
India ink, Color on Korean Paper
90×120cm, 2004
Artist's collection

공(空) - 군무(群舞) II
Space - Dance of group
Color on Korean Paper
63×103cm, 2003
Artist's collection

공(空) - 향(香)
Space - Perfume
India ink, Color on Korean Paper
44.5×60cm, 2004
Artist's collection

공(空) - 안락(安樂)
Space - Comfort
India ink, Color on Korean Paper
20×27cm, 2004
Artist's collection

공(空) - 만개(滿開)
Space - blooming
India ink, Color on Korean Paper
44.5×60cm, 2004
Artist's collection

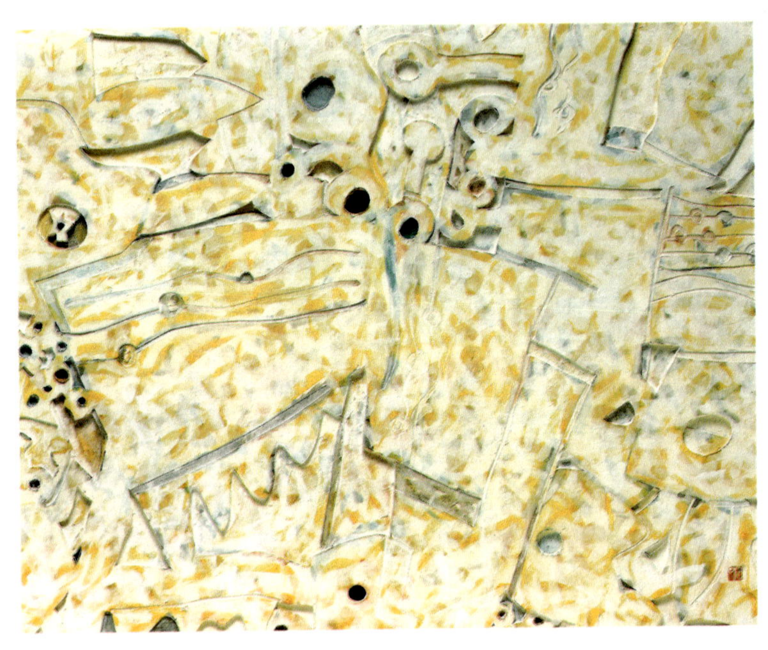

공(空) - 만남
91×119cm, 2005

공(空) - 출발(出發)
Space - Departure
India ink, Color on Korean Paper
90×100cm, 2003
Artist's collection

공(空) - 청(靑)
38×28cm, 접장지에 분채

공(空) - 윤회(輪回)
Space - Metempsychosis
India ink, Color on Korean Paper
49×49cm, 2000
Artist's collection

공(空) - 기원(祈願) II
Space - Supplication II
India ink, Color on Korean Paper
75×55cm, 1998
Artist's collection

공(空) - 확산(擴散)
28×38cm, 2000

공(空) - 화심(花心)
Space - Flower Spirit
India ink, Color on Korean Paper
25×25cm, 2003
Artist's collection

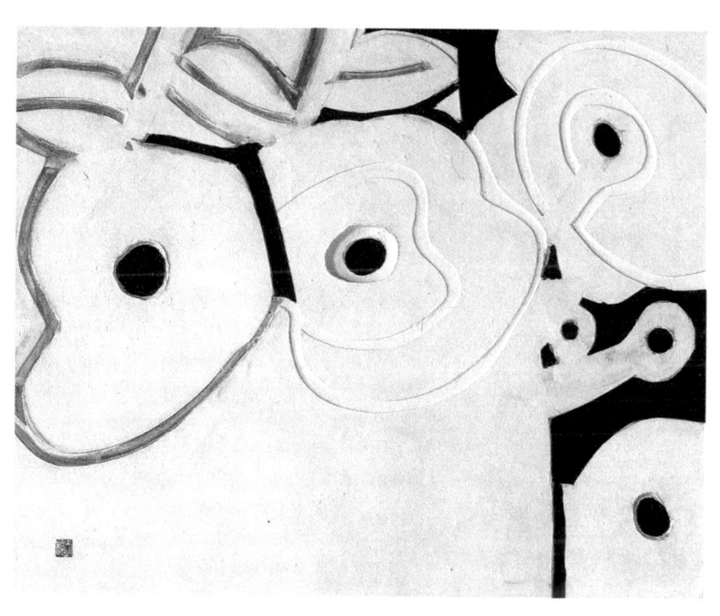

공(空) - 휴식(休息) II
Space - Rest II
India ink, Color on Korean Paper
28×35cm, 2004
Artist's collection

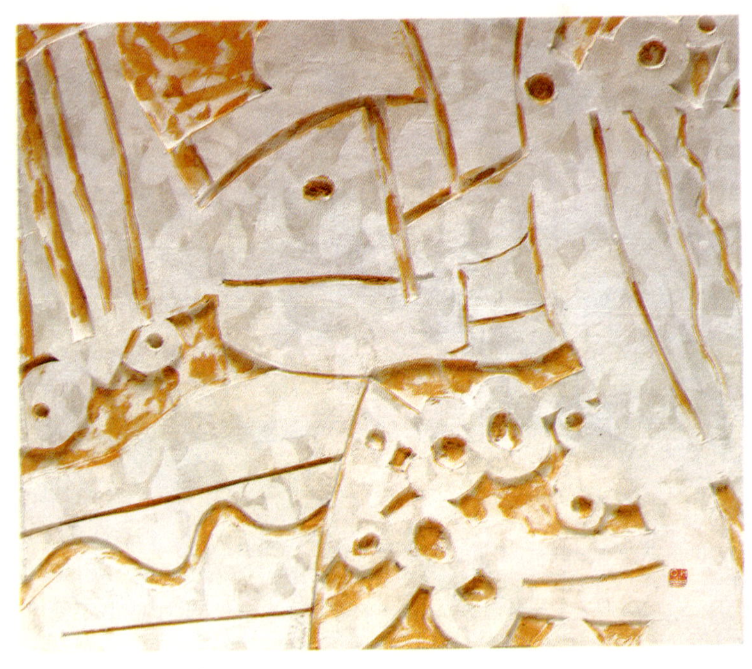

공(空) - 휴식(休息) III
Space - Rest III
India ink, Color on Korean Paper
62×73cm, 2004
Artist's collection

공(空) - 희망(希望)
Space - Hope
India ink, Color on Korean Paper
38×40cm, 2005
Artist's collection

공(空) - 휴(休)
Space - Rest
India ink, Color on Korean Paper
29×36cm, 2000
Artist's collection